叢書 THINK OUR EARTH 13 地球発見

韓国・伝統文化のたび

岩鼻通明

ナカニシヤ出版

まえがき

日本と韓国との大きな差異は、近年の開発のスピードであると感じてきた。一九八三年の最初の訪韓時に、韓国各地を訪れる機会に恵まれたが、ソウルは既に高層ビルが林立していたものの、地方都市で高層ビルを見かけることはほとんどなかった。

ところが、その一〇年後から、足しげく訪韓するようになったのだが、地方を訪問した際に驚いたことは、続々と高層ビルが建設され、その多くが韓国ではアパートと呼ばれる集合住宅であり、それらはまさにステイタス・シンボルとしての意味を有していたことだ。

二〇〇〇年に韓国で公開された『リメンバー・ミー』と題された映画があったが、一九七九年と二〇〇〇年に暮らす男女が時を越えて、アマチュア無線で交信するという内容であり、日本でも公開されて話題となった。

その後に『時の香り』と題したリメイク版の日本映画が公開されたのだが、こちらはさほど話題になることはなかった。すなわち、この二〇年間の変化のスピードが日韓ではまったく異なっており、軍事政権下にあった時代と民主化が実現した社会の変化と、それにともなう急速な近代化を体験した韓国と、高度経済成長期を既にくぐりぬけてきた日本の停滞状況とは対照的であるといえよう。

この韓国の急速な近代化によって失われた伝統的景観は数え切れないものがあったと想定される。もちろん、日本においても東京オリンピック以降の近代化にともない、多くの歴史的景観が消滅したことは事実であるが、韓国の場合はそれが短期間のうちに生じたのであった。

韓国人はしばしば、秀吉の侵略と植民地支配によって伝統が失われたことを強調する。それは、もちろん真実を含んではいるものの、朝鮮戦争の混乱期と、その後の近代化政策によって失われたものも大きい。

しかし、そのようなカオスの中で、伝統的景観というコスモス（秩序）を守り抜いてきたのが、本書で紹介するような数少ない地域であった。朝鮮戦争を描いた韓国映画『トンマッコルへようこそ』は、人里離れた桃源郷が舞台であったが、現実には、そのような集落はありえなかったのであり、何度も入れ替わった支配者との厳しい交渉を経て、伝統的景観は守られたのであった。

その支えとなったのは、韓国特有の強固な同族集団の共同体の団結力であったといえよう。いまなお、韓国では、地縁、血縁、学閥、それらに加えて儒教道徳が重要な役割を有しており、その弊害も指摘されるが、伝統的景観を維持する背景に、このような力が作用してきたことは疑いない。それが、セマウル運動という農村近代化から伝統的景観を守り抜く原動力ともなったのであった。

　ところで、二〇〇七年末の韓国大統領選挙で、李明博候補者が大差で当選した。彼はソウル市長時代に、本書でも紹介した清渓川の再開発で名をあげたのだったが、この地区は寄せ場や露店などの立ち並ぶ低所得者層の集住地区であった。

　この再開発が、スラム・クリアランスとしての意味も有することを知らされたのは、二〇〇七年一〇月の山形国際ドキュメンタリー映画祭で上映された韓国映画『１９２―３９９：ある共同ハウスのお話』によってであった。ソウル・オリンピックの前後からのタルトンネの再開発は、草創期の韓国ドキュメンタリー映画の重要なテーマのひとつであり、二〇〇三年の山形国際ドキュメンタリー映画祭の審査員を務めたキム・ドンウォン監督がそれを主題とした作品を制作しているし、二〇〇六年に韓国で公開された映画『ホリデー』もまた、冒頭で全斗煥大統領時代の権力による強硬なスラム・クリアランスを描いて、賛否両論を巻き起こした。

　急速な近代化は、韓国社会を格差社会へと導いた側面を持っているが、国際通貨危機以降の分断と選別は格差をさらに大きくさせてしまった。韓国が日本以上の過激な学歴社会と化した背景には、地縁や血縁社会が薄まっていく中で、学歴しか信用されない時代になったことが存在する。

　韓国では、日本のような老舗が存在しないといわれる。すなわち、こどもを後継者に育てるよりも、高学歴を身につけさせて、官僚などのホワイトカラーに就職させるほうが実利的だと受けとめられている。これは古くから科挙の制度が存在したこととも関わるといえよう。このような日本とは異なる思考様式もまた、伝統的景観が根付かない背景にあげられるのかもしれない。

また、二〇〇七年末の大統領選挙で、全羅道における李明博候補者の得票率は低迷し、結局は韓国国内の地域感情の対立は克服できないままに終わった。この対立は古代の新羅と百済の対立にさかのぼるという説もあるが、やはり朴大統領時代の金大中氏との軋轢によって生じたものといえよう。

朴大統領の出身地である慶尚道への我田引水的な産業誘致という開発独裁政策が、この対立の背景にあった。金大中大統領の就任によって、全羅道の開発が進み、両者の間の地域格差は改善されたが、大統領を生んでいない江原道との地域格差は解消されておらず、本書で指摘したように民俗マウルの整備もまた進んでいない。文化財行政にとどまらず、韓国国内の地域格差および地域感情の対立を緩和させていく政策が不可欠であろう。ノ・ムヒョン前大統領もそれを前面に打ち出したが、十分な成果をあげることはできずに終わった。

〇二年のW杯が終わった頃から、いわゆる韓流ブームが沸き起こってくるのであるが、その関心は、韓国の文化や社会の全体に及んでいるとは言いがたく、その偏りが嫌韓現象に結びつく一因となったのかもしれない。いわゆる韓流本は、数多く出版されてはいるが、そこで紹介される歴史や文化は皮相的で、かつ韓国側の主張を直訳的に伝えたことが、反発を招いたとも思われる。

そこで、韓国各地で一〇年余りの期間にわたり見聞した体験から、とりわけ韓国の伝統的景観に関して、韓国に関心を有する日本の人々に伝えることができればとの思いから、本書をまとめるに至った。

本書では、まず、韓流ブームとも関わる映画に関連する話題を序章に置き、ついで、韓国の歴史的都市についての話題と、韓国の山岳信仰を日本と比較した項目を付け加えた。その次に、韓国農村の伝統的景観に関する話題に触れ、最後に、大邱郊外の農村における観光開発と仁川中華街の再開発、そしてソウルと全州の歴史的町並み保存、その一方でのソウルのニュータウン開発の問題についての話題を取り上げた。

これまで、日本でも断片的には紹介されてきた内容ではあるが、これだけ網羅的に取り上げられるのは初めてのことといえる。韓国においても、伝統的景観を広く扱ったコンパクトな書物は私の知る限りでは存在しない。

その意味でも、本書を片手に韓国各地を旅していただければ、望外の喜びである。日本人の韓国旅行は、いまだにソウル中心で、地方都市や農村を訪れる機会はたいへん少ない。仁川空港鉄道と高速鉄道の開業によって、外国人旅行者が地方を訪問するアクセスが大幅に便利になった今日、ぜひソウルだけでなく韓国のあちこちを訪れてほしいものである。

目次

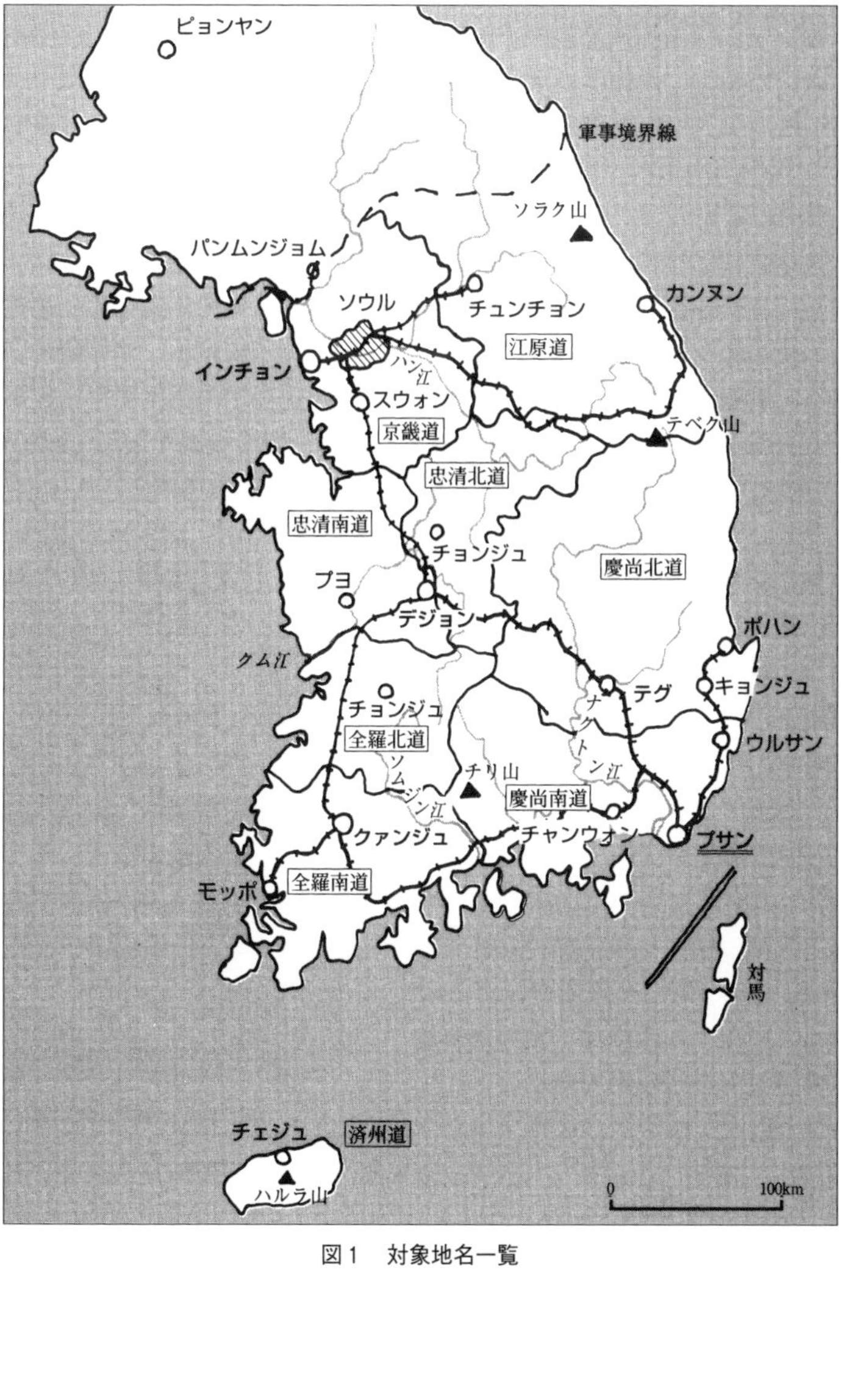
ピョンヤン
軍事境界線
ソラク山
パンムンジョム
ソウル
チュンチョン
カンヌン
江原道
インチョン
ハン江
スウォン
京畿道
テベク山
忠清北道
忠清南道
チョンジュ
慶尚北道
プヨ
デジョン
ポハン
クム江
テグ
キョンジュ
ナクトン江
チョンジュ
全羅北道
ウルサン
ソムジン江
チリ山
慶尚南道
クァンジュ
チャンウォン
プサン
モッポ
全羅南道
対馬
チェジュ
済州道
ハルラ山
0
100km

図1　対象地名一覧

韓国・伝統文化のたび

叢書・地球発見13

［企画委員］

千田　稔
山野正彦
金田章裕

序章

韓国映画に描かれた民俗文化

韓国では、一九九三年の文民政権誕生にともない、それまでの軍事政権下における映画の検閲などの規制が大幅に緩和された。

それによって、たとえば、『ホワイト・バッジ』と題された韓国軍のベトナム派兵をテーマとする映画が、文民政権の誕生前夜に公開されたが、このような内容の映画は、確かにそれまでの軍事政権下では、タブーであったといえよう。また、軍事政権下では、反乱として扱われていた光州事件を題材とした映画『花びら（つぼみ）』（一九九六年制作）や、テレビドラマ『砂時計』なども放送され、後者は高い視聴率をあげたことで知られる。

一方、八〇年代までの韓国における高度成長期においては、欧米追随指向が顕著であり、自国の伝統文化を価値のないものとみる見解が一般的で、あたかも明治維新後の日本における状況と同じような側面がみられた。

しかし、九〇年代に入って、韓国の伝統文化を再評価する気運が、民主化の進展と並行して高まってきた。映画界における、その結晶が、韓国映画界の巨匠である林権澤《イムグォンテク》監督の『西便制《ソッピョンジェ》』（日本公開タイトルは『風の丘を越えて』）であったといえよう。

その後も、韓国映画において、伝統的な民俗文化を描いたものが続々と制作されている。

序章では、それらを紹介するとともに、変化しつつある民俗文化に対する評価についてもふれたい。

1 『西便制』と「パンソリ」

この映画は、公開当時、それまでの観客動員記録を大幅に塗り替える大ヒット作となった。その後、ハリウッド映画『タイタニック』や、韓国映画『シュリ』に記録を更新されはしたものの、当時の公開スクリーン数の少なさからすれば、空前の大ヒットであったといえよう。九三年四月の公開から半年余りで、ソウルの団成社劇場だけで、一〇〇万人を超える観客を動員したという。

大ヒットの理由としては、たとえば、この映画中で、韓国人の「恨（ハン）」というキーワードが巧みに描かれており、最後に、その「恨」が解かれる、という点にあるとされる。この言葉は、日本語に翻訳しづらいものであるが、日本語の「恨み」よりも、もっと多様な意味をもち、むしろ、「あこがれ」と訳すべき内容も含まれるという。軍事政権下で、積もりに積もった民衆の「恨」を、巧みに表現した映画に人気が集中したのであろうか。

そして、この映画における重要な題材として用いられたのが「パンソリ」と称される韓国の伝統的な声楽であった。第二次大戦後の混乱期に、このパンソリを生活の糧とする旅芸人の男が、二人の連れ子を後継者に育てようとするストーリーであるが、小学生の頃からパンソリを習い始め、ソウルの中央大学韓国音楽科を卒業したばかりの女優オ・ジョンへの起用がみごとに当たり、パンソリを習うために、国立国楽院を志望する者が急増したという。また、二重まぶたに整形する女性が多く見られる韓国で、一重まぶたのオ・ジョンへにならって、整形しない女性が増えたとまでうわさされたような『西便制』シンドロームが生じた。

ところで、パンソリとは、韓国南部に伝来する声楽であり、日本の浪曲ないし浪花節、あるいは西洋のオペラに相当するような、語りと歌いを交互に繰り返すタイプの語り歌であり、杖鼓（チャンゴ）でリズムをとりながら伴奏される。パンソリは、西便制と東便制のふたつに大別され、遠く白頭山から流れ下る龍脈の最南端に位置する智異山を境として（境界には異説もある）、西側の全羅道で唄われるのが西便制、東側の慶尚道で唄われるのが東便制である。東便制が勇壮な曲調であるのに対して、西便制は哀調を帯び、テンポを遅らせて、声に彩を添えるところに特徴があるとされる。

このパンソリで歌われる、韓国の古典としては、「春香伝」や「沈清伝」などが有名である。なかでも、「春香伝」は過去に一三回も映画化されてきたが、林権澤監督は、二〇〇〇年に公開された映画『春香伝』において、パンソリの音楽にあわせて、話が展開するという前代未聞の映像表現を採用して、成功を収めた。この映画の主人公には、若手実力派男優として知られる、チョ・スンウが起用され、彼のデビュー作となった。

なお、韓国映画で使われた音楽が、OST（オリジナル・サウンド・トラック）として、CD発売され、大ヒットしたのは、一九九六年に制作された『銀杏のベッド』（日本公開は二〇〇二年）がはじめてのことであった。この映画の中でも、韓国の伝統楽器である伽耶琴が多用され、時代劇的な部分を、巧みに盛り上げる音響効果をもたらした。最近では、宣伝のために、映画公開直前に、OSTが先行発売される形態が一般化してきている。

追記：二〇〇七年四月に、林権澤監督の百作品めにあたり、『西便制』の続編として位置づけられる『千年鶴』が韓国で公開され、久々にスクリーンに復帰したオ・ジョンへが主演したが、大ヒットには至らなかった。

写真１　ムーダンの儀礼（2001年９月）

2 『オグ』と「ムーダン」

韓国民俗学の創始者ともいわれる秋葉隆の提唱した、朝鮮文化の二重構造モデルによれば、上層構造は、男―儒教―漢字―祖先祭祀、と規定されたのに対して、下層構造は、女―巫俗―ハングル文字―土俗信仰、と規定された。このモデルは限界を有するものの、今日においても、存在意義を有するとされる。

この韓国におけるシャーマニズム研究には、多くの研究が蓄積されており、日本人研究者の業績も数多くみられるので、シャーマニズム自体について、ここではこれ以上に詳しく触れない。韓国では、シャーマンの多くは女性であり、「ムーダン」と呼ばれる（**写真１**）。

ただ、日本と同様に、巫俗は迷信であるとされ、近代社会においては遠ざけられる面が、韓国においても存在した。韓国映画においても、同じ傾向がみられたが、この「ムーダン」を、映画の中で積極的に位置づけたのは、またしても林権澤監督であった。

長編歴史小説の『太白山脈』の映画化は、当初は、前述の『西便制』より先行して企画された。しかし、朝鮮戦争をモチーフにした内容のために、軍事政権下での制作は困難を極め、結局は、『西便制』の大ヒットを受ける形で、一九九四年にようやく公開にこぎつけた。

この映画の中で、「ムーダン」役を演じたのは、またしてもオ・ジョンへであった。戦争で混迷を極めた世の中と戦没者の鎮魂のために、彼女が執り行なう「クッ」と呼ばれる儀礼は、ラストのハイライト・シーンとなっている。

なお、佐藤忠男氏は、林権澤監督の一九八三年の『火の娘』や李長鎬《イチャンホ》監督の一九八七年の『旅人は休まない』は、本格的な思想映画といえる作品で、シャーマニズムをドラマの主軸に据えたものと述べている（筆者は、いずれも未見）。

しかし、ムーダンは、パンソリに比べると、韓国文化の表舞台にたったとはいいがたいところもみられた。やはり、その土俗性は依然として差別の対象となり続けたのであり、韓国映画で、次にムーダンが描かれるようになったのは、九〇年代末から制作されるようになったホラー映画においてであった。

それも、ムーダンが表に出るわけではなく、どちらかといえば、伏線の形で、不思議な能力を身につけている女性の来歴として、ムーダンの家に生まれたという出自が語られるのである。

そのような事例としてあげられる作品が、いずれも二〇〇四年夏に日本公開された『4人の食卓』と『狐怪談』(韓国公開は、いずれも二〇〇三年八月)である。前者は、二〇〇一年夏に韓国で公開された『猟奇的な彼女』で大ヒットを飛ばした主演女優のチョン・ジヒョンが、次回作として、まったく異なる役づくりに挑んだ作品であった。

この映画で、彼女は、霊を見ることのできる人間として登場し、それゆえ、夫からも友人からも遠ざけられる存在として描かれている。映画の中で、彼女に、母親がムーダンだったが、自分はそうではないこと、そして、母親を恥じたことはなかった、怖いと思ったことはあったが、と語らせている。この映画において、ムーダンおよび霊能力を有する者が、特殊な存在として位置づけられていることは明らかであろう。

一方、後者は、シリーズ物となった『女校怪談』の第三作であるが、呪いをかける主人公の女子高生もまた、ムーダンの家に生まれたと位置づけられている。この作品でも、映画の中では、はっきりとわからないほどであるが、原作本では、差別を逃れるために父親と故郷を離れたという設定になっている。

なお、石坂浩一氏は、『友引忌』(韓国公開は、二〇〇〇年七月)と『コックリさん』(韓国公開は、二〇〇四年八月）も、ムーダンの存在を中心にすえたホラー映画であると述べており、筆者も同感である。

また、ホラー映画ではないが、二〇〇三年の旧正月映画としてロングヒットとなった『クラシック』（日本公開は、二〇〇四年正月で、タイトルは『ラブストーリー』）の中で、病弱だった主人公の女性に対して、ムーダンが祈祷を施す場面が撮影されたものの、編集時にカットされたことを、ＤＶＤの削除シーンから知ることができる。

ところが、二〇〇三年初冬に、ムーダンを主人公として、真正面から取り上げた韓国映画が公開された（日本では映画祭公開のみで、劇場未公開）。この映画は題名も『オグ』というもので、それはムーダンの執り行なう儀礼である「クッ」の種類のひとつの名称である。

そのストーリーは、冥土から訪れた三人の男の使者が、老母をあの世に導くために、あれこれと算段を繰り広げるというコメディーであるが、元来は演劇としてロングラン上演されたものの映画化であるという。ちなみに、韓国では、演劇の映画化がしばしばみられ、俳優もまた、演劇出身者が多くみられる。

その過程で、ムーダンによる「クッ」が執り行われるのであるが、ちりぢりばらばらになったムーダンの家族を父親が呼び集め、久しぶりに行われる儀礼をめぐって、村民の対応もさまざまで、セマウル運動（朴大統領が始めた新しい農村づくりの政策）によって、そんな儀礼は過去の遺物だと決め付ける村役人よりも、伝統的名家で行われようとする儀礼に関心を寄せる村民が多数派であることにも、韓国人の伝統回帰の姿勢をうかがうことができようか。

この映画は、ヒットには至らなかったものの、韓国の伝統文化を積極的に紹介したものとして、高く評価され、日本でも、二〇〇四年秋の東京国際映画祭期間中に開催された、コリアン・シネマ・ウィーク（韓国文化院主催）で、上映作品のひとつに取り上げられた。韓国文化院は、韓国民団の組織内に設けられた韓国文化の普及を図る部門であり、他のヒット作品とともに、この映画が積極的に日本に紹介された意義は大きいといえよう。

なお、川村湊氏は、ムーダンは、一九六〇年代から、迷信や遅れた封建制の名残として否定的にとりあげられることが多かったとし、現在でも基本的にはそうなのだが、と記しているが、『オグ』は、まさしくそのような固定観念を打破した新世紀の韓国映画であったといってよかろう。

3　ムーダンを描いたドキュメンタリー映画

ムーダンを対象としたドキュメンタリー映画『霊媒』が、二〇〇二年の釜山映画祭で上映され、その後に再編集されて、二〇〇三年九月に劇場公開されたとのことである。

内容は、韓国南部の島の漁村で豊漁を祈るムーダンの姿をまず描き、最後は若くして亡くなった息子の慰霊を行う儀礼が紹介されているという。

さらに、二〇〇六年五月に開かれた全州国際映画祭では、二〇〇五年に制作された『サイエソ』（英語タイトルは「Between」）と題する、ムーダンに関する最新のドキュメンタリー映画を鑑賞する機会があった。二八歳の女性がムーダンとなるまでの過程を追い求めた興味深い内容で、生け贄となる鶏をさばく場面や儀礼の際に刃物を扱う場面などを、きわめて写実的に表現していることが強く印象に残った。

映画祭の公式カタログに掲載されているチョ・ヨンガク氏の英文要旨を訳して紹介すると、「この映画は人の手のクローズアップから始まる。手のひら（手相）は個人の運命の地図である。多くの人はそれを疑うが、そのような運命から逃れられない人々がいる。この人々は神のお告げを聞くことを運命付けられている。彼女らは霊媒として生きることによって神に仕える。シャーマニズムは、韓国の五千年の古い歴史の中でさまざまな変化を通して生き残ってきたが、なお迷信的であるとする否定的な見地で評価されている。確かにムーダン（シャーマン）の何かにとりつかれたような行為は、しばしば狂気の行動のようにみえる。しかしながら、彼女たちは現実と精神世界を横断しながら生きる運命をしいられているのであり、悩める魂を癒し、平穏な人生に答えてくれるのである。『ムーダン　生と死の調和』は韓国におけるシャーマニズムの多様な様相についての文化人類学的な見地を提供する一方で、『サイエソ』は霊媒の人間的な面を表現している。この映画は、彼女らの運命が彼女らの人生に与える苦難について、現実世界の周辺の外側に彼女らが存在することについての見識を提供している。普通の人々は恐れることであるが、死霊とともに暮らすことは彼女らにとって生活の規範である。『サイエソ』は伝統的な悪魔祓いの儀式のすぐれた再演と、死霊との神秘的なコミュニケーションおよびムーダンの共同体についての偉大な観察を提供している」と記されている。文中の映画『ムーダン』は、前述の映画『霊媒』を指すものと思われる。この映画『サイエソ』のDVDが、二〇〇七年春に韓国で発売されたという。

なお、一九八四年に撮影された『小沢昭一の「新日本の放浪芸」〜訪ねて韓国・インドまで〜』の中には、ソウルのムーダンである金錦花氏を訪ねての映像が三〇分ほど収録されている。解説は民俗芸能評論家の草野妙子氏の担当で、依頼者がしばしばムーダンといっしょに踊ることがあるなどを述べておられ、小沢昭一氏がともに踊る場面もある。供物の豚の頭をかじったり、刃物の上を裸足で渡るなどのリアルな場面も収められている。この映像は当初、一九八〇年代半ばに日本ビクターからアナログビデオディスクのVHDで発売されたが、二〇〇一年に至ってようやくDVDソフトが発売された。

4　ムーダンを肯定的に描いた映画

二〇〇五年一〇月に盛岡市で開催された「みちのく国際ミステリー映画祭」で、日本初公開された、チャン・ジン監督の新作（韓国では同年八月に公開されたばかり）『拍手する時に去れ』と題する刑事ミステリー映画にも、ムーダンが行き詰まった捜査を打開するために登場した。上映後の監督トークによれば、ムーダンを肯定的に扱ったというよりは、科学的捜査との対照性において描いてみたという。ただ、監督自身は、学生時代から、韓国の伝統文化に関心を有してきたそうだ。

この映画では、高名なムーダンよりも、彼女が連れてきた少女が霊視能力を発揮するのであるが、そのような表現は先に指摘した『4人の食卓』などと同様の展開であり、むしろ、そのような表現を採用した理由を監督に聞いてみるべきであった。

次いで、一九九一年制作の『野いちご～淫欲の舞～』があげられる。この映画は、いわゆるコリアン・エロスに分類されるものではあるが、主人公とムーダン母娘の三角関係をテーマにしており、養蜂家の主人公が娘と結婚の約束をするが、娘は最後にはムーダンとして生きる道を選ぶという結末になっている。

実は、娘はムーダンの後継者として養女に迎えられたもので、夢の中で神のお告げをみたというような会話もあり、火事の中で村の女は焼死するが、ムーダンである母親は生き残るなど、ムーダンの存在を、ある程度は肯定的に扱っている事例といえようか。

5 ムーダンを否定的に描いた映画

その一方で、二〇〇三年の韓国国内最大観客動員数を記録したポン・ジュノ監督の『殺人の追憶』では、捜査に行き詰まったソン・ガンホ演じる刑事がムーダンの力を借りる場面が出てくる。ムーダンから譲り受けた布切れに現場の土を混ぜれば、犯人の顔が浮かび上がるとのお告げであったが、実際には費用が高くついただけで、役に立たずに終わっており、神頼みを皮肉る表現となっている。

同様に、ムーダンを批判的に描いていると思われるのは、二〇〇五年一二月に、東京の国立近代美術館フィルムセンターで開かれたユ・ヒョンモク監督特集で上映された、一九六三年製作の『金薬局の娘たち』である。この中では、母親が招いたムーダンの儀礼が行われる途中で、娘のひとりが大笑いする場面があり、クリスチャンである監督が、前近代的なムーダンを近代化に反するものとして表現したものと考えられる。

このような理解は、当時の朴大統領によるセマウル運動に代表される近代化政策と符合するものであったといえよう。先に紹介した「オグ」では、むしろセマウル運動が批判的に描かれ、伝統文化が再評価されていることを指摘したが、このあたりの変化は、韓国社会の民主化の過程とも関連するものといえよう。

また、二〇〇四年に制作された『天国からのメッセージ』（韓国公開タイトルは『幽霊が住む』）は、事故死した女性の霊が住み着いた家に、ムーダンを招いても、僧侶を招いても、死霊を追い払うことができないありさまを、ユーモラスに描いた喜劇であり、ここでも、ムーダンは皮肉をこめた否定的な表現となっているといえよう。

6　ムーダンを描いた北朝鮮映画

以上のように、韓国映画にはムーダンの登場する場面が数多く存在するのであるが、北朝鮮で制作された怪獣映画である『大怪獣プルガサリ』の中でも、鍛冶屋の魂から生まれた怪獣を鎮めるために、ムーダンが祈る場面がみられる。

しかも、そこでは、プルガサリに向けて白布が飛ばされ、まさに中世の二河白道図もしくは、近世の越中立山芦峅寺《あしくらじ》の布橋灌頂《ぬのはしかんじょう》儀礼を見る思いがした。韓国では、今も白い布を用いた死者供養の儀礼が寺院で行われている（**写真2**）。

それに加えて、この映画には、農民が演じる農楽（カネや笛タイコにあわせて踊る民俗芸能）や仮面劇の場面も描かれている。北朝鮮では、そのような民俗文化は、近代化や農業の共同化の過程で消滅したものとみられていたが、そうではなく、伝統的な民俗文化が保存されていたのか、あるいは、失われた民俗文化を表現する目的もあって、韓国の巨匠であったシン・サンオク監督を招いた（拉致したともされる）のかは、いまだ不明としかいいがたい。なお、シン・サンオク監督は、二〇〇六年四月に逝去された。謹んで、ご冥福をお祈りしたい。

写真２　韓国の寺院における死者供養（1998年７月）

それにしても、北朝鮮映画にまで、ムーダンが登場したのは、朝鮮半島の民俗文化の伝統を継承することが、南北でともに重視されていることの現われとみてもよかろうか。

7　おわりに

以上のように、九〇年代以降の韓国映画は、自国の伝統文化を積極的に紹介する方向に変わりつつある。それは、民主化運動の中で、伝統的な仮面劇やマダン劇が取り入れられたこととも関連しているといえようか。

マダンとは、広場を意味する韓国語であり、今日でも、小劇場の密集するソウルの大学路にあるマロニエ公園では休日になると、即興の演劇や音楽演奏などを見ることができる。軍事政権下では、新聞や放送、映画など、シナリオの存在するものは、事前に徹底した検閲が行われたのであったが、広場でゲリラ的に演じられる即興劇は事前に検閲することも不可能で、仮面は素顔を隠すという役割も果たしたのであろう。

ちなみに、大学路という地名は、植民地時代に京城帝国大学のキャンパスが、この地に設けられたことに由来するが、現在は大学病院を残すのみで、演劇公演が行われる文化地域に変わっている。ソウル大学のメイン・キャンパスは江南地区の山懐に移転したが、このキャンパス移転も、軍事政権がデモを繰り返す学生を市街地から隔離するための政策だったとする見方もある。

さて、日本における韓流ブームの中で、韓国映画やドラマは、出生の秘密、交通事故、複雑な家族関係など、一定のパターンが顕著にみられると指摘されるものの、一方で、映画においては、障害者や人権問題などを正面からとりあげる試みもみられはじめている。本章で紹介した伝統文化をとりあげた映画もまた、韓国映画の多様化の中のひとつの傾向といえよう。

ただ、日本でも同様だが、そのような表現は、ドキュメンタリー作品や、アート系の映画に多くみられる。ところが、韓国の映画館では、全国いっせいに商業映画が同時公開されるシステムになっており、ドキュメンタリー作品などの独立映画（日本でいうインディーズ）およびアート系の映画を上映する映画館は、ごく少数しか存在しない。

日本の大都市にアート系映画を専門に上映するミニ・シアターがいくつも存在するのとは、事情を大きく異にしている。近年は、公的支援を受けて、韓国でもアート系の作品を上映する映画館が増えつつあるが、それでもモーニングやレイト上映が中心であったり、公開期間が短かったり、観客動員が少なければ上映打ち切りになるなどの課題が山積している状況にある。

その一方で、韓国各地で開催される映画祭の場では、ドキュメンタリーやアート系、さらには海外の作品が積極的に上映され、映画館で上映される機会に乏しい作品の紹介が行われている。

韓国政府の映画振興政策に加えて、映画館を補完する役割を映画祭が果たしたことで、釜山国際映画祭が、一〇年余りでアジアを代表する映画祭に成長してきたことも指摘できる。

I

韓国・その歴史的景観

1 城壁都市ソウル

1 明暗あわせもつ都市

歴史的都市である首都ソウルは、近代化の光と影の中にたたずんでいる。たとえば、ソウル駅(写真3)のそばにそびえるホテル・ミレニアムヒルトンのすぐ近くに老朽化した住宅街が存在する。

ここは、一九八四年の映画『コレサニャン(鯨とり)』で、国民的名優アン・ソンギが、若き日のイ・ミスク(『スキャンダル』では、ペ・ヨンジュンを圧倒した演技をみせた)を連れて脱出した場所でもあったが、日本で、東京駅のすぐ近くに、そのような地区があるとは考えられない。

写真3　旧ソウル駅（1996年3月）

ちなみに、二〇〇四年の高速鉄道開業にともない、旧ソウル駅に隣接して新たなターミナルビルが新築された。

同様に、二〇〇一年の映画『バンジージャンプする』で、イ・ビョンホンと故イ・ウンジュがラストで再会を果たす龍山《ヨンサン》駅（旧駅舎は、高速鉄道KTXの開業にともなって改築されて高層化された）の付近にも、キム・ギドク監督の『悪い男』で描かれたような歓楽街が存在する。このような明と暗の対照的な近接性が、ソウルのひとつの特徴といえるだろうか。

さて、朝鮮王朝の首都として選定されたソウルは、日本の植民地時代には朝鮮総督府が置かれ、解放後の一九四八年からは韓国の首都として発展を遂げ、一九九四年に遷都六百年を迎え、現在は人口一〇〇〇万人を越えるアジア有数の大都市に成長した。本章においては、城壁都市として出発したソウルの発展の足跡を歴史地理学的立場からとらえ、解放後の現代都市としての発展過程についても都市地理学的にとらえることを目的とし、あわせて首都ソウルに息づく伝統的景観を紹介したい。

ところで、韓国には「馬を育てるなら済州島へ、人を育てるならソウルへ」ということわざがあるように、ソウルは教育や文化などの国内唯一の中心地であり、日本における東日本の中心都市東京に対しての西日本の中心都市大阪、あるいは東京大学に対しての京都大学に比するような位置づけとなる地方都市や地方大学は韓国には存在せず、まさにソウルにすべてが一極集中している。

もちろん、この一極集中は統計上からも確認できるが、首都ソウルに対する国民感情は統計数値以上のものを含んでいると言わざるをえない。それは、近年の首都移転政策に際しても、ソウル市長が強硬な反対意見を唱え、ついには憲法裁判所が首都全面移転に違憲判決を下したことにも象徴されている。

本章では最初に、ソウル遷都と風水思想の関連について述べる。次に、朝鮮王朝時代のソウルの都市構造を紹介し、前期と後期で、その都市的性格を変化させた面について述べる。さらに、日本人の移住が進められた植民地支配下における都市内部の変化についてふれる。最後に、解放後に朝鮮戦争を経て、韓国の首都として発展を続ける現代都市ソウル、およびソウル大都市圏の形成について紹介する。それに加えて、時代ごとに形成をみた都市景観についても、述べたい。

なお、ソウルという地名は、本来、国都ないし首都を意味する普通名詞であり、漢語ではなく韓国の固有語であるため、漢字では表現できないので、本書においては「ソウル」というカタカナ表記を用いる。なお、李朝時代の首都としてのソウルには「漢城府」、日本の植民地支配下のソウルには「京城府」という表現を限定的に用いることとする。

2　風水が生み出した都市景観

近年、日本では、インテリアの配置の関係などから、「風水」への注目が高まっている。実は、この「風水」は、本来は東アジアにおける伝統的な地理的立地に関する思想であるといえる。韓国国内においても、伝統文化の再評価の中で「風水」が脚光を集めており、学問的にも水準の高い研究が進められつつある。

さて、韓国においては古代の三国時代から神話の中に風水思想が存在していたとされるが、ソウル遷都に際して、首都として適した場所としての「明堂」(風水からみた好適地)を求めての大論争が繰り広げられた。朝鮮王朝の開祖である李成桂は高麗王朝の首都であった開城《ケソン》からの遷都

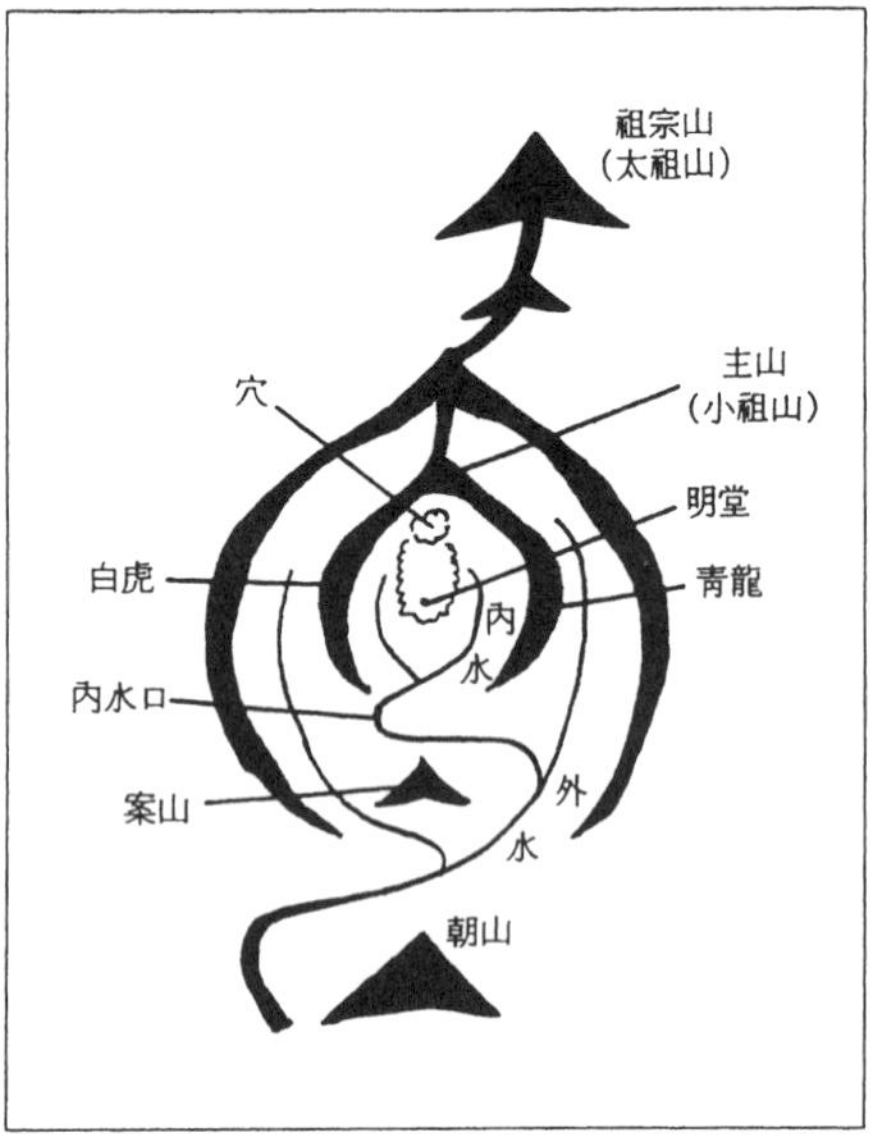

図2　風水モデル

を模索し、当初は忠清道の鶏龍山《ケリョンサン》を予定地として王城建設を開始したが、王城の地としては狭く、交通も不便であることから、王城予定地は漢陽（現在のソウル）に変更された。

　もっとも、この遷都の過程で、漢陽は母岳と二者択一的に比較されながら予定地としての風水が検討された。漢陽は現在のソウル中心市街地を形成している四大門の内部とその付近を指す地名であり、母岳は中心市街地より少し西側に位置するソウル市内の西江《ソガン》・新村《シンチョン》一帯を指す地名であった。

　ソウルは北漢山を最高点とする丘陵と京畿平野の接点に位置し、周囲を丘陵に囲まれた盆地で、南方には漢江が天然の濠のように流れる防衛上理想的な地形である。漢陽は北岳山の南麓に拡がり、母岳は仁旺山の南麓に拡がるが、母岳のほうは明堂が若干狭く、後山が低いため冬季の北西季節風を防ぎ難く、防衛上の不利もある。このため、実際の立地条件を考慮しながら、風水理論を適用して漢陽が首都に選定された。

この風水モデル（図2）によれば、中祖山は三角山（北漢山）、主山（玄武、北山）は白岳（北岳）、青龍（東山）は駱山、白虎（西山）は仁旺山、案山（朱雀、南山）は南山、朝山は冠岳山、内水は清渓川、明堂は宮闕、外水は漢江《ハンガン》となる。

わかりやすく述べれば、北に冬の季節風を避けるために山を背負い、南に広がる平地部に都市を建設し、南に交通および水源としての大河を抱える立地が、首都にふさわしいものとされたのである。

そして、この玄武・白虎・朱雀・青龍の四山を頂点とする輪郭を有した城壁が建設されることにより、風水的世界観が具体的な都市景観として形成され、五行思想という儒教的価値観も四大門と鐘閣（木仁―東方興仁之門（東大門）、金義―西方敦義門（西大門）、火礼―南方松礼門（南大門）、水智―北方火召門（北門）、土信―鐘閣（普信閣））という形で城壁都市の景観が生み出された。

3　朝鮮王朝の首都「漢城府」

それでは、朝鮮王朝の首都として計画的に建設された城壁都市「漢城府」の内部構造はどのようなものだったのだろうか。また、それらはどのように変化してきたのだろうか。

新首都である漢城府の建設に際しては、まず第一に王宮である景福宮《キョンボックン》と、李氏の祖先および歴代の国王と王妃を祀る宗廟、そして土地の神と五穀の神を合わせ祀る社稷壇を優先的に完成させた。その後、王都防衛に不可欠な城壁の建設に着手し、四周の稜線をつなぐ総延長五万九五〇〇尺（一八・一㎞）の石城と土城から成る城壁が一三九七年に数ヶ月間の突貫工事で完成した。今も、国宝に指定されている東大門と南大門のふたつが現存し、一部の城壁が残されているが、この城壁が公然と破壊されたのは一九〇七年に日本の皇太子（のちの大正天皇）がソウルを訪問した際の道路拡張であった。このかつての城壁を手軽に観察できる場所として、観光客がよく訪れる免税店もある新羅ホテルをあげることができる。地下鉄三号線の東大入口駅からもほど近い、このホテルの脇には、高さ数mの城壁が残されている。

この城壁都市漢城府を描いた古地図は多くの種類が現存し、それらから漢城府の内部構造を知ることができる（図3）。政治中心の都市であった漢城府は宮殿と官庁を中心に計画され、主要街路網は格子型を基本にしたものの、自然発生的な不規則な街路や袋小路が多く、中国や日本の平城京・平安京の都城プランとは大きく性格を異にしていた。

中国の都城と比較すれば、朝鮮半島の都城は城壁プランのみを、日本の都城は格子型街路網のみを導入したといえ、互いに対照的であるが、それは外国からの侵略を度々受けた朝鮮半島と、ほとんど受けることのなかった日本との差異に由来するものともいえようか。

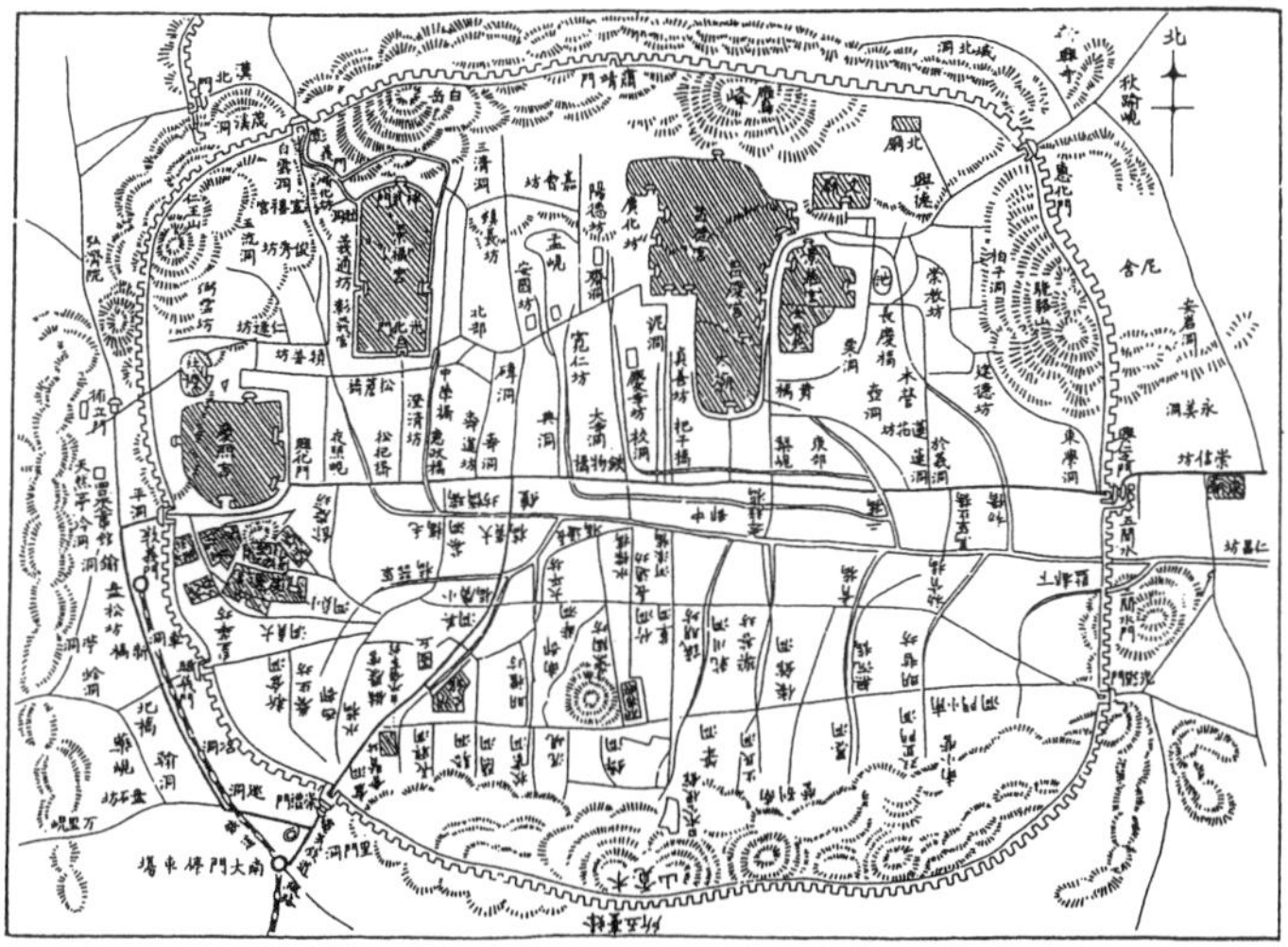

図3　漢城図

　ここで、漢城府の内部構造を簡略に述べれば、東大門と西大門を結ぶ鐘路が直線的に内部を南北に二分し、王宮などの主要施設は北側に存在して優位な場所と位置づけられ、南部は南大門から中心部へ延びる街路で東西に分けられていた。南に重要な出入口を置き、北（奥）に優位な場所を設定するという構造は、地方の邑城にもみられるもので、朝鮮半島における歴史的都市の基本構造というべきものであった。

　王宮は景福宮に加えて、四百年におよぶ朝鮮王朝の時代背景の中で、いくつもの王宮が整備されるに至り、それらの王宮は首都ソウルを代表する伝統的景観として知られている。景福宮が文禄・慶長の役（韓国では壬辰・丁酉倭乱と呼ばれる）によって焼失したため、離宮として創建された昌徳宮が正宮として使われた。昌徳宮の南側には宗廟が、西側には上皇や先王の后妃のための宮であった昌慶宮が位置しており、この一帯はソウルの中心部における大規模な公園緑地の役割を果たしている。さらに、社稷壇の南に壬辰倭乱後、離宮の慶熙宮が置かれ、朝鮮王朝末期には西洋建築をも導入した徳寿宮が整備された。これらの王宮は、植民地支配下や朝鮮戦争で被害を受けたが、その後に復元整備が進められ、首都ソウルの歴史的景観と伝統文化を伝える観光地として公開されている。

漢城府は内部が五部に分割され、さらに五二坊に細分されるという五部五二坊制の行政区画が存在したが、坊数には多少の変遷があった。漢城府の内部には当初から居住地の分化傾向が存在し、王族を中心とする両班や高級官僚などの上層階級は景福宮と昌徳宮を結ぶ地域に居住して「北村」を形成したが、下級官僚などの下層階級は南山山麓に居住して「南村」を形成し、その中間地帯には中人や常民などの中層階級が居住した。「南村」地区は、植民地支配下で日本人の居住地区となり、大きく変貌したが、「北村」地区は伝統的な民家がよく残っており、近年は歴史的町並みの景観保全が進められつつある。

漢城府の人口は一七世紀半ばまでは一〇万人程度で、壬辰・丁酉倭乱（文禄・慶長の役）の混乱時の人口減少を除けば安定していたが、一七世紀後半に多くの流入人口が集中し、二〇万人程度に急増した。その結果として、漢城府は政治都市としての機能に加え、商業都市的機能が付与され、漢江河岸には流通拠点としての新たな商業中心地がいくつか成立するに至った。しかし、その後は、人口の流入制限が行われたこともあって、漢城府の人口は一九世紀後半まで大きく変化することはなかった。

4 植民地支配下の「京城府」

一九一〇年の日韓併合を契機として、朝鮮半島における植民地支配の中心地となったソウルには朝鮮総督府が置かれ、「京城府」と改称された。植民地都市としての京城府は、一九三六年に府域が拡大され、中心都市への人口集中と工業化に先行する都市化が進展することによって百万都市へと膨張し、ピークの一九四二年には人口が一一一万人を超えた。この人口集中の要因は、植民地支配下で内発的経済発展が抑止され、農村社会が貧困と停滞下に置かれ、地方都市の形成・発展も阻害されたためとされる。工業化が進展しないため、都市に流入した農民は雑業層とならざるを得ず、「土幕民」と呼ばれる不法占拠者が急増し、スラムの形成が進んで、社会問題となった。

さらに、日本人をはじめとする外国人の大量流入によって、人口構成と居住地構造に大きな変化が生じた。一九三〇~三五年の京城府における日本人の人口は全体の四分の一を上回り、中国人などのその他の外国人の人口を圧倒していた。この時期、交通の発達や商業活動の活性化、および工業の近代化などが進展して、京城府は前産業型都市から近代的都市へと転換した。京城府の北部と西部地域には韓国人、南部地域には日本人、都市中央部には中国人などの外国人が集住するという、植民地都市に典型的な民族別居住地分化の現象が明確にみられた。

旧市街地の南端に位置する龍山地区は漢江に面する水運の中継地であるとともに、鉄道の分岐点としての要衝の地であったため、軍司令部も置かれて新市街地を形成した。龍山地区の対岸の永登浦《ヨンドンポ》地区は、もともと漢江の河港であったが、第一次大戦後に工業地域が設けられ、漢江南部においては早くからの人口集中地区となっていた。このように市街地が外延的拡大を遂げた結果として、京城府の都市形態は「囲郭都市」から「手指状都市」へと変化した。

ただ、京城府においては、日本本土の都市計画法公布の影響を受けた都市計画案が立案されたものの、日本政府からの財政援助を得ることができなかったため実施には至らず、都市計画は日韓併合直後の市区改正事業にともなう部分的な区画整理による街路整備に留まっていた。この市区改正事業は日本の植民地支配を前提としたものであったが、自然発生的な不規則な街路網を格子状や放射状の街路網に整備した点などから、韓国における近代的計画体系の萌芽として評価されている。

なお、景福宮入口の光化門を塞ぐ形で建設された朝鮮総督府の建物は一九九五年に解体されたが、ソウル駅をはじめとして、いまだ数多くの植民地支配時代の建築物がソウル市内には残されている。それらを植民地支配の残像として否定的にとらえる見解と歴史的遺産とみる見解とが対立している。

5　解放後のソウル60年——混乱から成熟へ——

一九四六年に京城府はソウル市に改められ、一九四八年の大韓民国の成立により首都と定められ、一九四九年には行政区域を拡大して特別市となった。

●一九五〇年代のソウル——朝鮮戦争の混乱期

解放後のソウルは、一九五〇年に発生した朝鮮戦争の動乱の中で、何度も支配体制が交替するという悲劇に巻き込まれた。しかし一九五三年の停戦後は韓国の首都として順調な発展を続け、植民地解放にともなう海外からの帰国民や、政治不安による農民の都市流入、および朝鮮戦争後の社会不安と農村の過剰人口による流入によって、ソウルへの人口集中が顕著となり、一九五〇年代後半には一〇〇万人近い人口増加がみられた（**表1**）。この傾向は都市の人口吸引要因よりも農村の押出要因が働いた結果とみられる。

人口集中の受け皿として、市内各所の山腹の傾斜地や河川流域には「タルトンネ」と呼ばれる不法占拠による無許可住宅地区（スクォッター）が広がっていったが、これらの地区は農村部から移住して同郷者や親族と連絡を取って助け合いながら市民生活に適応しようとする過渡的な生活状況にあり、スラム的性格はなかったとされる。なお韓国語で「タル」は月、「トンネ」は町内を意味し、傾斜地上部の集落を巧みに表現している。この時期には、市街地縁辺部への学校や工場の拡散が始まった。

表1　ソウル市の人口変動

年	人口数（千人）	面積（㎢）	区域変更年度	対全国人口構成比（%）
1925	336	36.2	1918	2.6
1930	355			2.6
1935	404			2.7
1940	931	134.0	1938	6.0
1944	948	136.0	1944	6.0
1949	1,446	268.4	1949	7.2
1955	1,575			7.3
1960	2,445			9.8
1966	3,793	613.0	1963	13.0
1970	5,433			17.3
1975	6,890	627.1	1973	19.9
1980	8,364			22.3
1985	9,639			23.8
1990	10,612			24.8
1992	10,969			25.1
1995	10,595			23.6
1997	10,389	605.5		22.2
2003	10,276			
2006	10,356			

●一九六〇年代のソウル——近代都市の形成

一九六〇年代に入ると、経済成長と産業構造の変化にともなう向都離村型の人口移動が顕著になり、山村を中心に急激な人口流出が生じはじめ、ソウルへの人口集中が加速化された。一九六三年には漢江以南地域と北東部地域の合併によって市域面積は六一三㎢に拡大し、漢江以南地域（江南地区）でのアーバン・スプロール（虫食い状の都市化）が始まった。

一九六〇年代前半までのソウルは単核の都市構造であったが、一九六〇年代後半には副都心が発生しつつあった。一九六六年には漢江が大改修されて洪水による交通遮断の影響がなくなったことと、漢江第一大橋（一九五八年完成）・第二大橋（一九六五年）・第三大橋（一九七〇年）の整備も、江南地区への人口移動に拍車をかけたが、いまだ大衆輸送機関の不足のため、さほど外延部にまでは都市圏の拡大はみられなかった。

この時期には、いまだ地方の新興工業都市にさほどの人口吸引力が生じていなかったため、ソウルへの人口の一点集中が最も際立ったことから（**表1**）、人口増加の抑制政策が考案される契機となった。

●一九七〇年代のソウル——軍事政権下の発展

一九七二〜八一年に実施された「国土総合開発計画」の下、ソウルにおいては中枢管理機能などの集積と常住人口増加の抑制を骨子とする「首都圏整備開発の基本構想」の展開が進められた。この中で、ソウル周辺を取り巻く「グリーンベルト」が設定され、その内部の開発が大幅に制限された。このグリーンベルトは、ソウルの膨張を防ぐとともに、北部の幅が広く設定されており、その中に軍の基地が設けられるという、北朝鮮に対する防衛上の役割も有していた。

その結果として、都心部の再開発による高層化が顕著となり、一方で、国会議事堂や国営放送局をはじめとする中枢管理機能の汝矣島《ヨイド》（漢江の中洲）への移転が行われた。一九七七年には、地下鉄一号線が開通し、その後次々に新路線の工事が進められた。地下鉄一号線は、国鉄の電鉄線と相互乗り入れして、北の議政府《ウィジョンブ》、西の富川《プチョン》・仁川《インチョン》、南の始興《シフン》・安養《アニャン》・水原《スウォン》まで直通運行され、周辺部の小都市の衛星都市化を促進し、ソウルへの通勤通学圏に組み込む結果となり、大都市圏形成の萌芽となった。

この時期において、人口密度の稠密な地域が二ヶ所存在し、ひとつはCBDの周辺地帯の住・商混合地域で、もうひとつは南西部の九老工業団地付近の住宅地域であった。

一九七〇年代末期のソウルの都市計画は、旧市街地の縁辺部に加えてグリーンベルトの内側に環状道路を、および都心から放射状に展開する道路網を整備し、旧市街地のCBDと副都心の汝矣島・永登浦地区と江南地区を結ぶ地下鉄の環状線（二号線）を整備すれば、当面の対応は可能とする内容であった。しかし、この時期の都市計画は、その後もソウルへと集中し続けた人口を吸収するために、グリーンベルトの外側における大都市圏の形成を結果的に促進することとなった。

●一九八〇年代のソウル――世界都市化の進展

一九八〇年代のソウルは、一九八六年のアジア大会と一九八八年のオリンピックを契機として「巨大プロジェクト」による都市整備が行われ、飛躍的に発展して国際都市に成長した。一方で、外国人の視線を避けるべく無許可住宅地区や犬肉料理店などが市内から一掃されるといった、市民生活を無視した極端な都市政策もみられた。

ソウル郊外の城南《ソンナム》市などには撤去された無許可住宅地区の住民が数多く移転してきたといわれ、郊外化を加速する要因のひとつともなった。ソウル市内では、江南《カンナム》地区における高級住宅地としての高層アパートの建設が盛んになり、一九八八年には二百万戸住宅建設というスローガンが掲げられた。

その結果、漢江以北の旧市街地では人口のドーナツ化現象が進んで、江南地区の新市街地との南北の人口比率は一九八〇年代末期に肩を並べるに至った。しかし、旧市街地のCBDへの通勤のために、漢江に架かる橋梁群は、解放前の三橋から一九八五年には二二橋へと増加したにもかかわらず、交通混雑が日常的に発生するようになった。

都市化が進展するにつれて、バス路線網も路線の延長と細分化によって対応してはいるものの、都心部近郊の住宅地における通勤交通は、今後ますます公共交通機関利用から乗用車利用への通勤手段変更が進むと予測されている。

また、グリーンベルトはアーバン・スプロールに一定の歯止めをかける効果はみられたものの、開発規制の厳しさから当該地域の住民の不満は大きく、結局はグリーンベルトの外側に計画的なニュータウンがいくつも建設される形で、ソウル大都市圏の拡大が加速化された。

一九八〇年代前半にはソウル市内南部の上渓洞と木洞に既存市街地に連接する形でニュータウンが建設されたが、一九八〇年代後半になると、もはやグリーンベルトの内側にニュータウンを

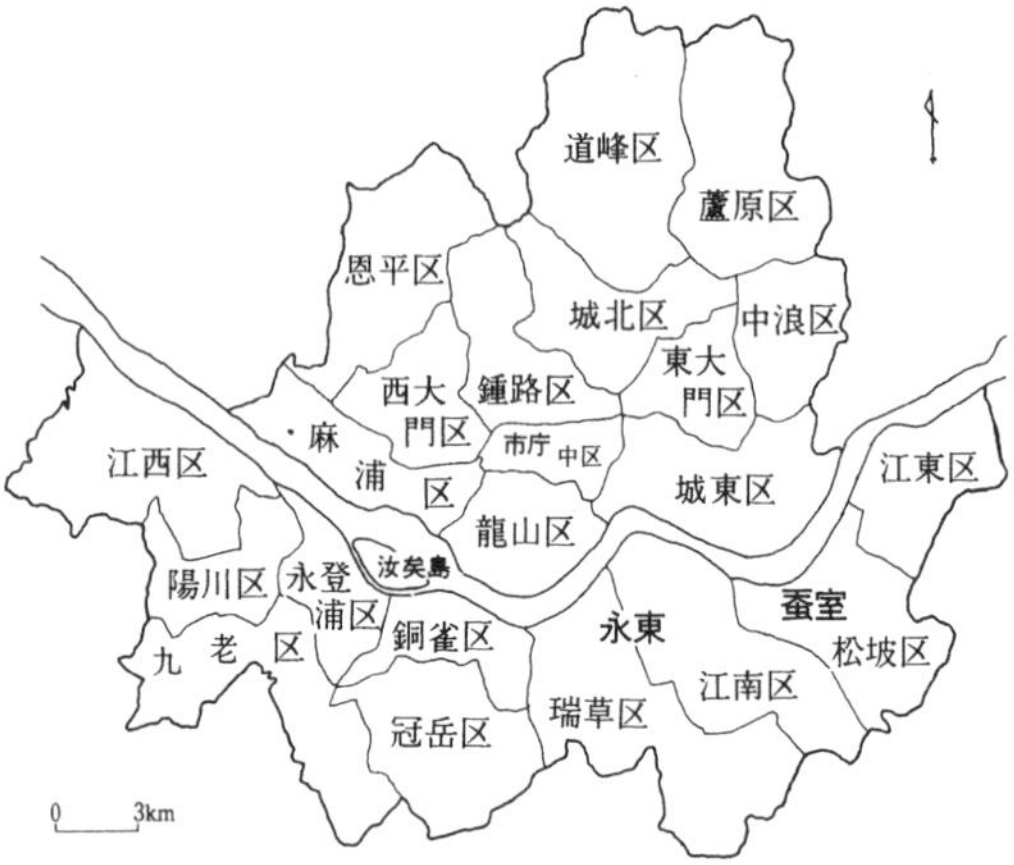

図4　ソウル市の行政区と都心・副都心

建設する余裕がなくなり、ソウル南東の城南市盆唐《ブンダン》地区とソウル北西の高陽《コヤン》市一山《イルサン》地区に数十万人規模の、ソウル西部の富川市中洞地区、ソウル南部の安養市坪村地区・軍浦市山本地区には十数万人規模のニュータウンが計画された。そして、これらのニュータウンを結ぶソウル外廓循環高速道路も建設中である。

なお、これらのニュータウン建設は住宅不足と不動産価格暴騰の解消の目的で推進されたが、結果的には首都圏への集中と機能強化を促進したとの指摘もなされている。

この時期に、ソウルの空間構造を改編すべく提案がなされているが、その構想は都心のCBDに対して、副都心となる副核を三ヶ所設定し、その下に行政区単位の中心地と地区中心地を整備して、都市機能の分散化を図るという内容であった（図4）。

副都心としては、汝矣島《ヨイド》・永登浦地区では周辺の工業地域と関連する産業中心地と商業中心地を育成して汝矣島地区の事務団地と連繋させて集積効果を伸長させ、永東《ヨンドン》地区には司法機能および国立図書館・芸術会館などの公共文化中心としての役割を担当させ、蚕室《チャムシル》地区には大規模国際行事と関係する文化体育中心としての役割を担当させるというものであり、この蚕室地区には、オリンピックの競技施設群が建設された。

●一九九〇年代以降のソウル――ITメトロポリス化の進展

一九九〇年代に入ると、一貫して人口増加の続いた傾向に変化がみられ、中心部のドーナツ化現象と郊外化によって、ソウル市の人口は一九九三年以降ようやく漸減へと向かいつつある（表1）。再開発の進んだソウル市内中心部においては、ジェントリフィケーションも生じはじめており、一九八三年から開始された官民一体の住宅改良再開発事業が結実しつつある。

一方で、「保全と開発の調和」を打ち出した政府の「新経済五カ年計画」（一九九三～九七年）によって、宅地供給政策にも大きな変化がみられ、政府主導の新開発方式から民間主導の再開発方式への転換や硬直した土地利用計画からの脱皮が模索された。

この政策転換は、グリーンベルトの開発規制を緩和したものの、土地投機を促進して不動産価格の高騰を招き、韓国におけるバブル景気と一九九七年年末の経済危機をもたらした一因とも考えられる。

また、近年のソウルへの一極集中は企業の情報収集活動の首都集中が特徴として指摘され、財

写真４　ソウルＷ杯スタジアム（2002年５月）

閥企業のハイテク化を背景とするソウルのメトロポリス化を賛美した指摘もみられるが、それらは砂上の楼閣であったことが一九九七年の国際通貨危機によって露呈した。とはいえ、ＩＭＦからの立ち直りも、不良債券処理が遅々として進まなかった日本よりもずっと早く、いまや江南地区は、再び、ハイテク産業の集積する中心地となっている。それにともない、二〇〇四年以降のソウル市の人口は、再び微増傾向にある（**表1**）。

ところで、二〇〇二年Ｗ杯スタジアムは、漢江の北にある、蘭芝島《ナンジド》と呼ばれた、かつてのゴミの山を再開発して造成された（**写真4**）。周辺は広大な公園およびニュータウンとして整備され、環境都市と称されている。

さて、韓国統計庁の「一九九五年居住地移動、通勤通学調査」の結果によれば、一九九〇〜九五年の間に、首都圏では一二一万人が転入し、七九万人が転出し、四二万人の増加となり、一九八五〜九〇年の間に比べると、純移動量は四六万人減少した。ソウル市においては、一〇〇万人が転入した一方、一九三万人が転出し、一九八五〜九〇年の一三八万人転出に比べて、脱ソウル現象が加速化している。ソウルへの通勤通学人口は約一〇〇万人に達し、逆にソウルから五二万人が他地域へ通勤通学している。ソウルの江南―江北間の通勤通学者は八七万人に上る。

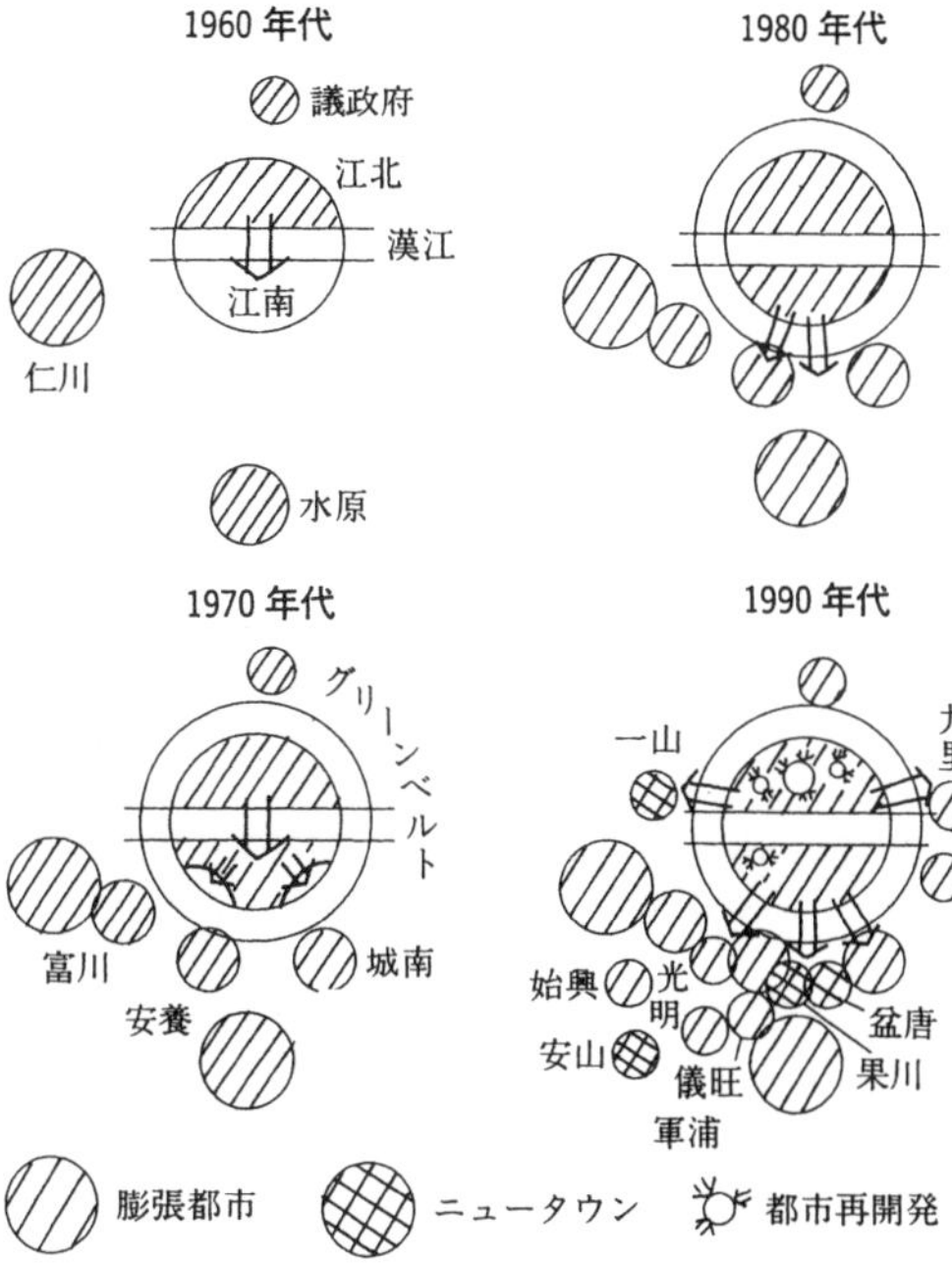

図5　ソウル大都市圏の発展モデル

この結果から、ソウル大都市圏への外部からの人口流入はおさまりつつあるものの、ソウル市内からの郊外への転出がそれを上回り、大都市圏の膨張はとどまることなく、ソウル中心部への日常的人口移動はますます増加の一途をたどっていることが知られる（図5）。

写真5　大田市の政府第二庁舎（2005年11月）

それでも、ソウルにおいては商業施設は増加し、中心性はなお上昇しているが、仁川や水原などの既存の都市は一定の中心性を有しているものの、ニュータウンや衛星都市・新興工業都市の中心性は低迷している。

首都機能の移転問題も何度となく議論されてきたが、ソウル南郊の果川《クァチョン》市への政府第二庁舎の部分移転に続いて、一九九三年に開催された大田《テジョン》万博の跡地周辺への移転が本格化し、最初に陸海空軍の本部が移転し、さらにソウルの第二次行政官庁である一八の庁が移転した（**写真5**）。

それに加えて、ノ・ムヒョン前大統領が選挙公約として掲げた新首都建設は違憲判決が出されたが、首都機能の分散移転計画が進められつつあり、中でも忠清南道の燕岐・公州《コンジュ》地区には、行政中心複合都市の整備が、二〇〇七年七月に着工される予定となっている。ただ、首都機能の分散によって、ソウルの活力低下を不安視する見解もみられる。

6　ソウル六〇〇年の都市構造

ここまで、李朝の首都時代から植民地支配の時代を経て、現代都市に至るソウルの変遷についてみてきたが、最後にソウルの都市構造の特徴を指摘したい。

ソウルの六〇〇年に共通する都市構造の特徴は居住地分化にあるといえるのではなかろうか。李朝時代と植民地時代における居住地分化については既に触れたので、ここでは現代都市ソウルにおける居住地分化について述べたい。解放後のソウルにおいては、無許可住宅地区と高級住宅地区が混在する都市景観がみられたが、その後の都市化の進展によって、新興住宅地、とりわけ高層住宅地区に、上・中流階層が集住する傾向が顕著にみられた。その結果として、江南地区の上・中流階層の集住地域には高級商店街が立地するなどの特徴がみられる。ＩＭＦ危機を克服した二〇〇〇年以降は、この地域の地価上昇が顕著になっている。

郊外の大都市圏においても、このような居住地分化は顕著にみられ、ソウル東郊の広州郡東部邑の新長里では商業・サービス業従事者が、果川市別陽里では専門事務職従事者が、工業都市である軍浦市堂井里では生産および労務職従事者が多くを占めることが指摘されている。この特徴は、都市の多核化によって、特定の都市機能が特定地域に集中したために引き起こされたとも考えられる。

以上、現代都市ソウルについて、歴史地理的考察からはじめて、近年の大都市圏の形成にまで述べたが、金大中大統領以来の太陽政策によってソウル大都市圏は北へと発展しつつある。キム・ギドク監督をはじめとする芸術家が居を構えるヘイリ芸術村や、出版企業団地などが国境線近くに造成され一時は停滞していた高陽市の韓流ウッド構想（韓国版ハリウッド）も、再び動きはじめている。

今後は統一に向けたソウル大都市圏の動向にも注目していきたい。

2 計画都市水原

韓国の都市を対象とした地理学的研究は、日本語文献もかなりの数にのぼるようになってきた。一方で、韓国の古地図研究も近年活発になりつつある（**写真6**）。そこで、本章においては、韓国の首都ソウルに近接し、京畿道の道庁所在都市でもある水原を対象とする。一九九七年に世界遺産として登録された華城と呼ばれる城郭が存在する。水原は、いわば城下町として発展した歴史的都市である。その成立と発展について、都市地理学研究と古地図研究の両面から考察してみよう。

写真6　国立清州博物館での「韓国の古地図」展（1998年8月）

1　水原城の建設

韓国の北西部、ソウルから南に三〇㎞の地点に位置する水原は、李朝後期に建設された計画都市である。水原城は、李朝第二二代の正祖王によって一七九四年二月に着工され、一七九六年九月に完成した。当時は、ようやく西洋文明が入り始めたころで、中国の城郭を参考に、滑車や起重機などを導入した近代的な工法が採用された。そのこともあって、短期間で築城できたといえよう。

元来、韓国の都城は南門を正門とするが、水原城は首都のソウルが北方に位置するため、北門の長安門が正門とされた。その計画と工事の記録は『華城城役儀軌』に残されている。

正祖王は父君の陵墓を一七八九年に水原の花山に改

葬したが、その陵墓に近接する新首都の建設を計画した。そして、水原に拘留中の罪人を故郷に特赦で帰還させ、新都市に居住する農民は十年間免税とした。さらに各地の都市から商人を移住させ、資金を貸与し、月に六回の市を無税で開くなどの産業振興のための優遇措置を取った。正祖王は水原への遷都を考えていたともいわれるが、四年後に亡くなったため、その夢はかなわなかった。

ただ、当時の首都であったソウルと比較すれば、ソウルの城郭を取り囲む城壁の総延長一八・一kmであるのに対して、水原城の城壁の総延長は五・五kmに過ぎず、城内が一km四方より少し広い程度の面積では、新首都としては狭きに過ぎるかと思われる。

その一方で、火器による攻撃のための多くの砲台や城内の指令本部としての西将台と東将台などの施設をみると、むしろ有事に備えての防御的機能を重視した計画都市であったことがうかがわれる。この水原華城を韓国の研究者は世界最古の計画的新都市と評価している。

2 絵図にみる前近代の水原

現存する水原の古地図（絵図）は二種類のものが存在する。ひとつは「図説華城全図」と称する木版刷りの絵図（**図6**）であり、もうひとつは「正祖大王陵幸図」と称される八双の屏風絵であ

説華城全図）

図6　古地図にみる水原

る。この屏風絵は、正祖王が父君の陵墓に詣でた行列のありさまを、随行の宮廷画家（おそらく朝鮮時代屈指の画家である金弘道か）が描いたもので、八双のうちのひとつに水原城の景観を描いたものが含まれている（**図7**）。筆者は、この屏風絵をソウル市内の徳寿宮宮中遺物展示館において実見した。

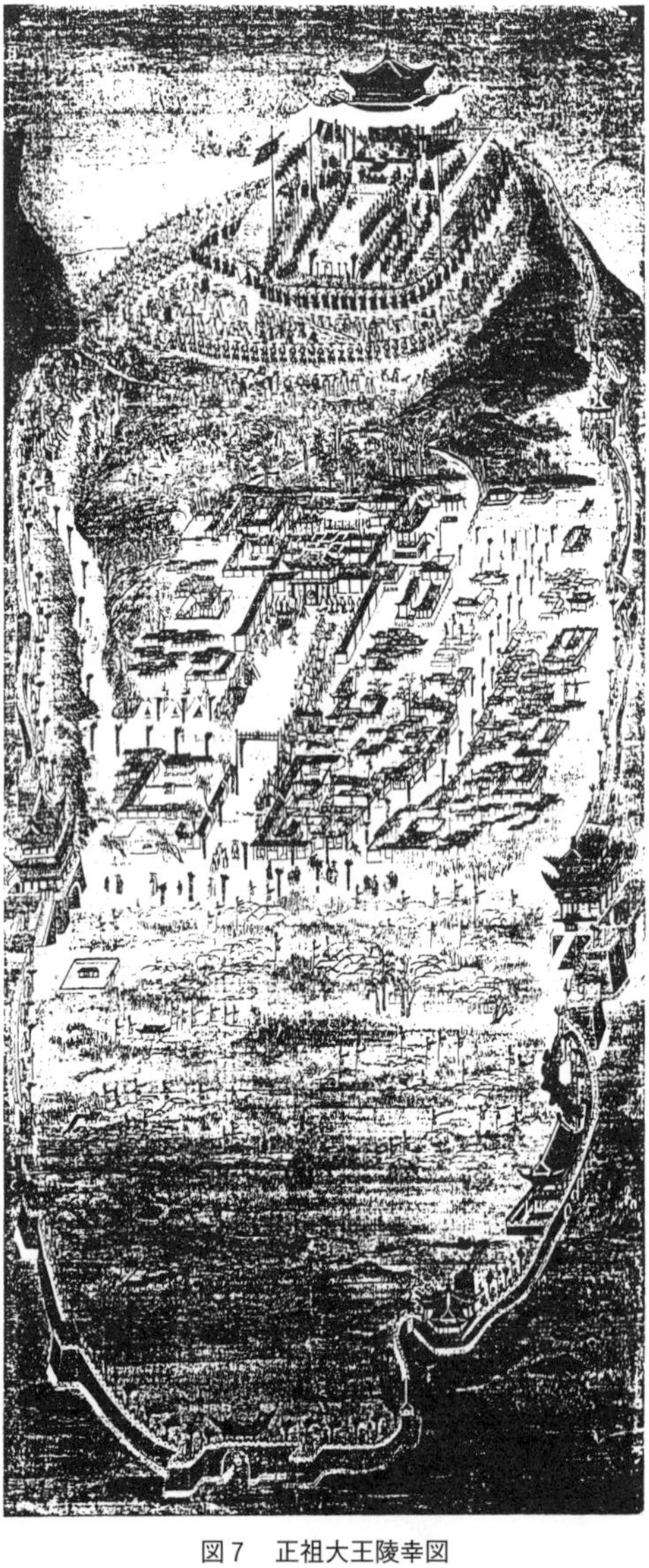

図7　正祖大王陵幸図

さて、これらの絵図を、戦前の植民地時代に日本軍の参謀本部陸地測量部が作成した一万分の一地形図「水原」（図8）と比較して、現地比定を試みたい。

まず、双方の絵図に共通する点は、西を上に描く構図をとっていることである。この構図は、水原城内に建立された行宮を上部に表現するために採用されたと考えられる。当時は、水原行宮に奉壽堂を始めとする三三軒の建築物が存在して宮殿の形態をなしていたが、今日では洛南軒が残るのみである。

「正祖大王陵幸図」には、その行宮が、とりわけ詳細に描かれている。東面する行宮の門を画面の中央に描き、最上部に西将台に行幸する正祖王の一行を大きく表現するという構図のために、西が上に描かれたものと想定される。

しかし、正祖王の行幸を主題とすることから、水原城郭の表現は実際の形状をさほど正確にはとらえておらず、楕円形に簡略的に描かれているに過ぎない。城門も、中央部の左右に長安門と八達門の南北のふたつの門が大きく描かれているものの、省略されている施設もある。それに比べれば、「図説華城全図」のほうが、北東部の突出した部分の形状をかなり正確に描くなど、水原城郭の表現はかなり写実的であるといえよう。それでも、地形図と比較すれば、南北に細長く伸びる市街地の描写は簡略化され、東西方向の城郭に関わる城門などの施設を詳細に描くという傾向がみられる。

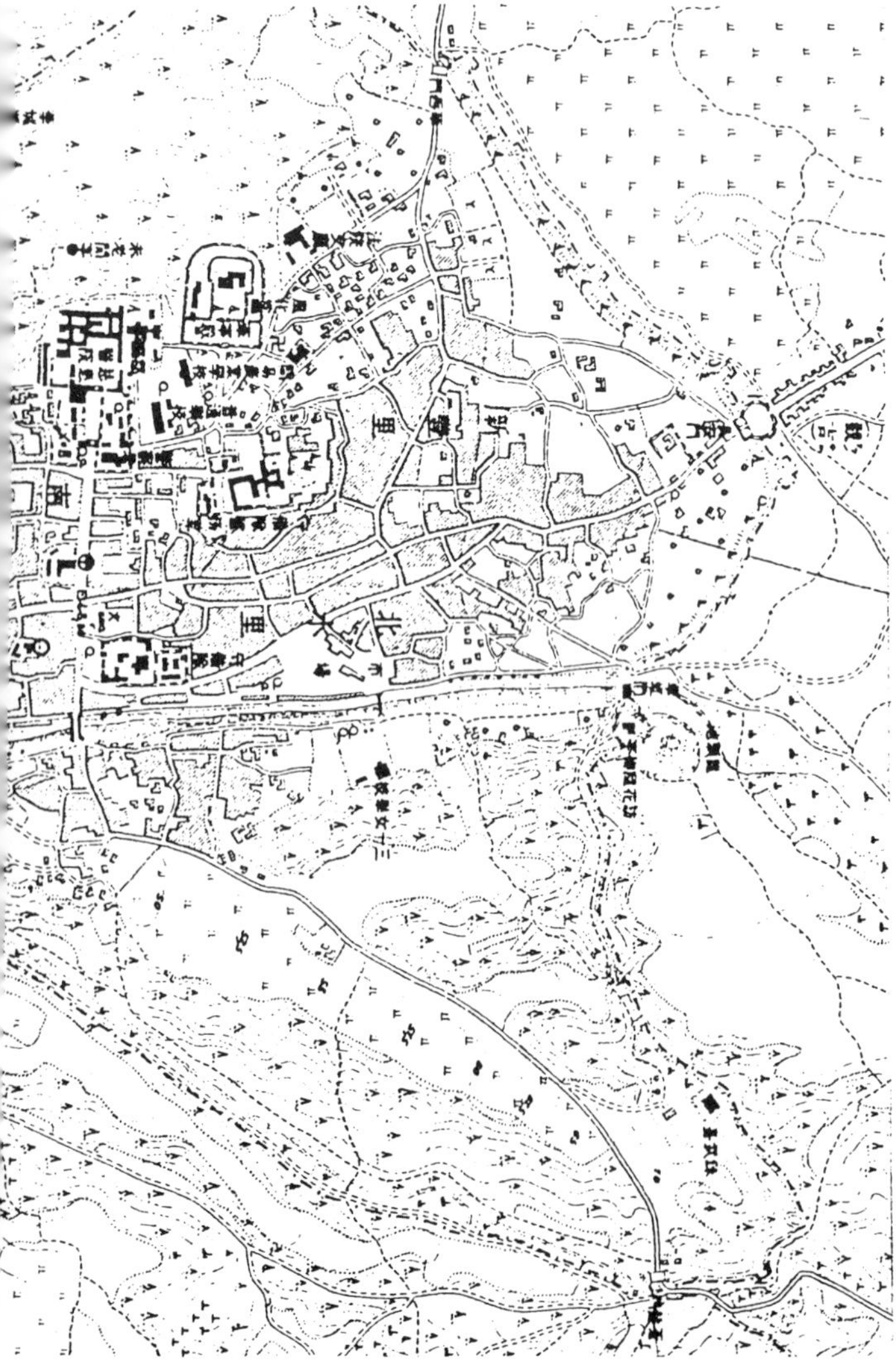

図8　一万分の一地形図「水原」(1917年測図)

双方の絵図にみえる限りにおいては、町並みの表現はまばらなものであり、果たして、計画的な都市建設が貫徹したのかどうかは疑問の余地があろう。また、地形図に表現された城内の街路はソウルと同じく碁盤目状の規則的な形態にはなっておらず、東アジアの伝統的な都城の方格プランを踏襲してはいない。正祖王の死去によって水原の都市計画の進展も頓挫してしまったのではなかろうか。

3　ソウルの衛星都市としての近代化と発展

一九五〇年に勃発した朝鮮戦争によって、水原城は城壁などの多くの部分が破損したが、一九七五年から一九七九年にかけて実施された復元事業によって、再び元の姿を取り戻した。一九六七年には首都ソウルから京畿道庁が水原に移転し、東京を上回る一極集中を続けるソウル近郊の衛星都市として、水原は発展を続けている。

朝鮮戦争の混乱期を経て、水原市の人口は、一九六〇年までは停滞傾向にあったが、一九六二年の周辺部の合併の前後から、年々着実な人口増加の歩み

表2　水原市の人口増加

年	千人
1935	14
1952	104
1955	81
1960	90
1965	123
1970	170
1975	224
1980	310
1985	430
1990	644
1992	697
2000	946
2005	1044

を始めた（表2）。これはソウルの衛星都市化に加えて、工業化の急速な進展による要素も大きい。

水原市の工業は、従来からの繊維工業に加えて、ソウル大学農学部が市内に立地していることから、農業機械工業も盛んであったが、韓国の先端産業の代表格で、近年、半導体生産では世界有数の企業に成長した三星（サムソン）電子が市内南東部に大工場を建設したことによって、一大工業都市に変貌した。一九九二年の統計では、第三次産業人口の比率は七一・五％にも及んでいる。

一九九一年には、水原市の都市計画が建設部と京畿道から告示され、住居・工業・商業地域に加えて、周辺部には自然緑地地域・生産緑地地域・施設緑地・開発制限区域などの地域指定が行われている。この都市計画図によれば、水原城付近の旧市街地を取り巻く周辺部や、市内南東部の三星電子工場の付近に高層住宅団地が集中的に立地している都市景観を読み取ることができる。二〇〇二年には、人口が一〇〇万人を超えたので、広域市（日本の政令指定都市にほぼ相当する）の仲間入りをする日も近いと考えられる。

なお、講談社原色写真文庫に収められている水原の都市景観は、高度成長期以前の瓦葺きや草葺きの民家が卓越する風景をとらえており、貴重な記録となっている。

華城の周囲の城壁は、それほどのアップダウンもないことから、散策には好適であり、途中には、長安門（写真7）や華虹門（写真8）などの美しい伝統的建造物を見ることができる。首都ソ

写真７　水原華城の長安門（1994年７月）

写真８　水原華城の華虹門（1994年７月）

ウルからも近く、周辺には、韓国民俗村や、遊園地のエバーランドなどの観光地もあることから、国際的な観光地としての発展が期待される。

3 韓国の山岳信仰

1　日本との比較

韓国の民俗学研究は、どちらかといえば巫俗《ふぞく》儀礼やシャーマニズム、あるいは神話・昔話研究などの特定分野の調査研究に限定されている面があり、日本における民俗学研究にみられるような幅広い視野を有した、隣接諸科学とも協調しながらの調査研究が課題となろう。そこで、本章では、長年にわたって日本の山岳信仰を調査研究してきた筆者の関心から、日本と韓国の山岳信仰の関連について述べてみたい。

日本の山岳信仰は、女人禁制《にょにんきんぜい》や代参講《だいさんこう》の制度による庶民の山岳登拝など、独自の発展をとげた部分を有する。女人禁制は、修験道の修行のために女性を遠ざけたことや、女性を登山の危険から遠ざけること、その一方で、成人男性の通過儀礼としての意義があったことなどが理由とされる。

また、代参講とは、遠方の聖地にグループの代表者を参詣させるという制度だが、農耕民族ならではの多神教に裏付けられたものであり、ひとつの村の中に、いくつもの神仏に関わる信仰集団が組織化されていた。この制度の整備によって、山と里を結ぶ山岳信仰のネットワークが形成されたのであった。

このような日本の山岳信仰のルーツを東アジア世界に求めることは比較研究の面で重要であり、とりわけ環日本海文化圏の中で日本の山岳信仰の特徴を把握することは今後の日韓文化研究の展開において、鍵を握るものとなりうる。

そこで、韓国と日本の山岳信仰を比較することによって、環日本海をめぐる文化交流の事例を具体的に示してみよう。

日本の山岳信仰の中で、朝鮮半島と関係があるとされるものに白山《はくさん》信仰があげられる。白山の祭神である菊理媛《くくりひめ》は高句麗媛の転訛したものとする説もある。

九州の白山信仰は、朝鮮半島の太白山《テベクサン》・小白山《ソベクサン》をめぐる檀君《だんくん》信仰の影響を強く受けているとされ、『彦山流記《ひこさんるき》』にみえる開山者の「藤原恒雄」は、もともと檀君の父の桓雄ではないかと推定されている。
白山信仰は、日本海沿岸を中心に広く日本各地に広がっている。これまでは、北陸の白山から、信仰が周辺に広められたものとみなされてきたが、仮に朝鮮半島に信仰のルーツがあるとすれば、海を渡って、日本各地に個別に信仰が伝播した可能性もあるのではなかろうか。

また、修験道の開祖とされる役行者《えんのぎょうじゃ》（役小角《えんのおづぬ》）の弟子に韓国連広足《からくにのむらじひろたり》がいたと『続日本紀』の六九九年の記述にあり、『日本霊異記』には役小角が新羅へ渡ったことがみえることから、役行者が朝鮮半島と密接な関係にあったことが想定される。さらに役行者と道教との関わりがしばしば指摘され、修験道そのものが道教的要素を有していることも同様に指摘されている。

前述の英彦山《ひこさん》の開山者とされる藤原恒雄が、朝鮮半島の神話的始祖とされる檀君の父で太白山に降臨した桓雄に絵画的に類似しており、これを百済系の移民団が古代日本列島の文化形成に寄与したものと推測する韓国の研究者もある。

ところで、朝鮮半島の神話的始祖とされる檀君の父である桓雄の降臨伝説は、半島各地の霊山に伝わっている。大陸との付け根に位置する白頭山《ペクトサン》は、その代表例であり、北朝鮮の金正日総書記も、その山麓で生まれたとされ、生誕地の山小屋が保存されているという。ただし、現実には旧ソ連領内で生まれたといわれることから、北朝鮮独自のウリ（我々の）社会主義の一環として、霊山と最高権力者を結びつける目的とみられる。このような社会主義国家と山岳信仰の関連は、きわめて東アジア的といえ、興味深いものがある。

　この白頭山に韓国人が登山することが、中国との国交樹立後に可能となった。それまでは北朝鮮との結びつきが強かった中国朝鮮族自治州に、多くの韓国人登山客が訪れるようになり、韓国との繋がりが強化された。今日では、多くの中国朝鮮族の人々が、外国人労働者として、韓国国内で働いており、ソウル南郊には、彼らの集住地区が形成されるに至っている。

　さらに、江華島の摩尼山《マニサン》もまた、降臨伝説が伝えられる聖地であり、山頂の祭壇では、韓国の建国記念日にあたる一〇月三日の開天節に儀式が行われ、国民体育大会で使われる聖火が採取されるという。

　近年の北朝鮮と韓国の交流の場となったのも、山岳信仰の霊山である金剛山《クムガンサン》であった。東海岸に沿う霊山の金剛山への韓国人旅行は、まず海路での観光が認められ、その後、陸路での訪問も実現し、朝鮮戦争で生き別れとなった数百万人とされる南北離散家族の再会の拠点ともなっている。金剛山では、日本の大峰山頂で発掘されたものに近似する小型の黄金仏が出土したといわれる。

　一方、日本の修験道の拠点のひとつである吉野の金峯山《きんぷせん》も中国から飛来したとする伝説があり、日本独自の山岳信仰とされる修験道は、環日本海の文化交流の中で、その基盤が形成されたことが知られる。

近年の学術調査交流の中で、日本と韓国に共通する信仰儀礼の存在することが明らかにされた。韓国の寺院での死者供養（一七頁の**写真2**）や葬送時の巫俗儀礼が、日本中世の宗教画である「二河白道図」の絵画表現に類似している点が注目されており、さらに越中立山芦峅寺《あしくうじ》で近世に行われていた布橋大灌頂《ぬのはしだいかんじょう》および奥三河の山村で行われていた花祭りの「白山入り」の儀礼とも共通点の存在することなどは興味深い。布橋大灌頂は、橋に敷いた白い布の上を渡る山岳信仰の女人救済儀礼であった。この儀礼は霊山に登ることのできない女性の極楽往生を祈願するものであった。残念ながら、朝鮮半島には中世の宗教画としての「二河白道図」は現存していないが、おそらくは存在したものと推定されている。

さらに、地獄と極楽の世界を描いた熊野観心十界図は朝鮮半島に伝わる甘露図と呼ばれる絵画に由来するとの説もあり、日本と朝鮮半島との宗教的交流は想像以上に深いものであったことが知られる。

2　立山曼荼羅と日月五岳図

一方、筆者は、越中立山に伝来する立山曼荼羅と朝鮮仏画・李朝民画との類似点を指摘したい。李朝の宮廷に伝わる「日月五岳図屏風」（**写真9**）は立山曼荼羅の背景表現ときわめて類似してお

写真９　日月五岳図屏風（2003年12月に昌徳宮にて）

り、その関係が興味深い。「日月五岳図屏風」は、東岳―金剛山、西岳―妙香山、南岳―智異山《チリサン》、北岳―白頭山、中岳―三角山を描き、李朝の支配する世界を表現しているとされ、宮殿で天子の玉座の後背として使われていた。

立山曼荼羅の背景も立山の信仰世界の山々と称名滝《しょうみょうだき》、常願寺川から日本海を描いており、五岳に加えて滝と海、そして日月を描く「日月五岳図屏風」と共通する部分がいくつもみられる。「日月五岳図屏風」で現存するものは一九世紀の作品とされるが、立山曼荼羅は中世末に大量に作成された「参詣曼荼羅」よりも作成時期は遅れて、一九世紀の作例が多いとみられるため、今後は両者の作成時期を考証していくことによって、相互の関係が解明されよう。

近年の研究成果で、「日月五岳図屏風」は、一七世紀半ばに存在した記録が見出されたことから、おそらくは立山曼荼羅に先行することが確実とみられ、半島から海を隔てた北陸地方への伝播の可能性もありうる。

写真10　鶏龍山中の積石塚（1999年４月）

ところで、現存する韓国の仏教寺院は、李朝時代の儒教優遇政策から、奥まった山岳地帯に隠遁したものが多く、山岳寺院のイメージを有するものがかなりみられる。韓国の仏画にも参詣曼荼羅に類似した人物図像を描くものが存在し、これらの相互関係は、今後の調査研究の進展を期待したい。

また、鶏龍山《ケリョンサン》中の寺院で目にした、ケルンのような積石塚が存在し（**写真10**）、信仰の対象となっていることは疑いない。この鶏龍山の周辺は、前述のように、朝鮮時代の初期に首都遷都の候補地となった場所であった。現在は、数多くの新興宗教の聖地が山麓に林立しているとされ、求心力を有する霊山としての役割をいまなお備えているといえよう。ノ・ムヒョン前大統領の首都移転計画の対象地域もまた、この山の北方に位置している。

日韓の山岳信仰を比較すると、韓国においては朝鮮王朝時代の廃仏政策によって、最初に触れた女人禁制や庶民の登山などのような日本でみられた組織的な山岳信仰は失われている。

日本でも、明治初期の神仏分離にともない、神仏習合の典型であった山岳信仰は廃仏毀釈の対象となり、大きなダメージを受けたが、それでも、民間信仰の中に息づいており、多くの資料や文化財が伝えられている。

ところが、韓国においては、五〇〇年も続いた朝鮮時代の廃仏政策と儒教の浸透によって、山岳信仰はほとんど解体されてしまった。民間信仰の中に断片的には残存するものの、それらを体系化することは容易ではないために、今後は考古学的な調査などを含めた多面的なアプローチが必要となろう。

II

伝統が残る村落景観

4 伝統的文化景観の保存と利用——日韓の比較から

1　日韓における調査研究

景観という学術用語は、地理学において、英語の landscape ないしドイツ語の landschaft の訳語として用いられてきたが、近年はさまざまな学問分野で使われるようになっている。

とりわけ建築学でしばしば景観という学術用語が用いられるが、伝統建築物が面的に拡がりを持つ姿に対して、よく使われている。このように、伝統的文化景観に関する研究は地理学と建築学を軸として、関連諸科学の間で進められてきた。

韓国においても、この分野の調査研究は、建築学と地理学の両面から行われてきたといえよう。

もちろん、地理学や建築学以外での韓国研究の蓄積も厚いものがある。たとえば、戦前の京城帝国大学を拠点とした民俗調査や農村社会学研究は、今日もなお韓国研究の基礎資料といえよう。文化人類学においても、一九八〇年代以降、ムーダン研究を中心に、数多くの調査研究の蓄積が存在する。

建築学における調査研究の嚆矢は植民地下における現地調査を踏まえた『朝鮮の建築と芸術』であった。この調査によって、高麗時代の寺院建築の存在が確認された。

韓国における建築学の関心の所在は、どちらかといえば、町並みよりも、個々の建築物にあるのではないだろうか。管見の限りで、伝統的町並みに言及しているのは、『韓国の建築』が唯一であり、その意味で先駆的な文献といえる。ここでは、韓国各道の一二のマウルについての記載がみられるが、町並みそのものに触れているというよりもむしろ、個々の建築についての言及が中心となっている。

一方、地理学においては、一九八〇年代初頭に編集された韓国地誌の名著『新・韓国風土記』でも、伝統的文化景観への言及はほとんどみられない。この時期はまだ韓国の経済発展の前夜であって、ソウル以外では未だ顕著な景観の近代化がみられなかったためであろうか。

なお、二〇〇〇年夏に韓国で開催された国際地理学会議にあわせて出版された各種の書物の中には、広く韓国の文化景観を対象とし、安東河回マウルへの言及もみられる本もあったが、それにしても伝統的文化景観の保存についての認識を十分に読み取ることはできない。

これらの研究は、関心の所在は異なるとはいえ、伝統的文化景観に触れた部分が少なからず存在し、研究史の回顧と今後の展望を探る上で貴重な文献であると評価できる。

次に、日韓両国において、町並み保存がどのように展開してきたか、そして、その現状はいかなるものか、さらに今後の課題はどのようなものかを展望しておきたい。

2 日本の町並み保存

日本においては、高度経済成長にともない、旧来の伝統的建築物が解体され、新たな建築物に建て直される例が相次ぎ、伝統的景観の保存に対する認識が高まり、各地で町並み保存運動が続々と展開された。

一九六〇年代前半の市民運動が一九六六年の古都保存法に結実し、一九七〇年代における町並み保存運動団体の活動が文化財保護法のもとでの「伝統的建造物群保存地区」の法律化につながり（一九七五年）、一九七六年には第一回の選定が実施されるに至った。

中でも、日本における町並み保存運動の口火となったのは、長野県木曽の妻籠宿であった。妻籠は、近世において、中山道の宿場町として栄えたが、明治以降は国道や鉄道が木曽川沿いへと移動したため、馬籠峠越えの妻籠を経由する交通は衰退し、集落も発展することがあまりなかった。

ところが、それゆえ近世の宿場町の伝統的町並みがよく残存していたのであり、それにいち早く着目した故太田博太郎東京大学工学部建築学科教授（当時）が妻籠宿の町並み保存に着手した。折からの国鉄のディスカバー・ジャパンのキャンペーンとも相乗効果を生じ、訪れる人もわずかであった山村に、年間一〇〇万人レベルの観光客が押し寄せるという一大観光ブームを演出したのであった。

このように、日本における町並み保存運動は半世紀に近い歴史を有しているが、それでも、日本の町並み保存は都市計画の法制上、未だ正当に位置づけられていないとの批判もなされている。

3　韓国の町並み保存

韓国の町並み保存は、一九七〇年代に朴正熙大統領（当時）の近代化政策の一環である農村改革運動としてのセマウル運動の推進とともに始まったといえよう。このセマウル運動にともない、韓国村落の伝統的景観は急速にその姿を失っていったため、町並み保存の気運も生じたものと思われる。

一九六〇年代には文化財保護法に基づく個別文化財中心の点的な保護政策が主流であったが、一九七〇年代に入ると、楽安《ナガン》邑城の保存論議を契機として歴史的町並み保存への認識が深まり始めた。

この時期には、面的保存への模索が行われたが、面的保存は困難とのことで、一九七九年に四ヶ所の伝統集落で個別家屋の大規模な指定が先行した。しかし、一九八〇年には三ヶ所の伝統集落全体の地方民俗資料の指定、一九八三年度には楽安邑城の史蹟指定が行われ、さらに一九八四年に三ヶ所の伝統集落を国家文化財としての重要民俗資料に指定し、一九八八年には二ヶ所の伝統集落が伝統建造物保存地区に指定されるに至った。

しかしながら、今日に至るまで、その後の追加指定はなく、伝統的建造物群保存地区の指定が年々増加している日本とは対照的であり、保存指定から脱落した歴史的町並みの破壊が懸念される。たとえば、慶尚北道では六ヶ所の伝統集落の重要民俗資料指定を申請したが、二ヶ所のみの指定にとどまった。

一方、都市における歴史的町並み保存は、一九七〇年度にいち早く慶州《キョンジュ》市において韓屋地区の指定がなされた。これは慶州市の観光都市としての環境整備という独特な背景に起因するものであったとされるが、日本における古都保存法の成立の影響も考えられよう。

さらに、全州《チョンジュ》市では一九七七年に韓屋保存地区の指定が実施されたが、住民の反発もあって一九八七年には第四種美観地区への変更がなされた。一九八三年にはソウル市においても韓屋保存地区の指定が実施されたが、一九九一年には、いったん、その指定が解除されている。

これらの都市の歴史的町並み保存には、都市計画事業との整合性の欠如や居住環境の劣悪性、住民との軋轢などの問題点があり、全州市における指定変更やソウル市における指定解除もそれらが一因とも思われる。

なお、近年の動向として、二〇〇一年の文化財保護法の改正によって、登録文化財制度が導入され、開発の論理からすれば消滅の可能性の高い、一九世紀末から二〇世紀中頃までの時期に建てられた建造物や歴史遺跡などの近代文化遺産の文化財指定に向けての選定作業が始められた。このような動向は、ある意味では日本の文化財行政に追随したものであり、新世紀においては、韓国の伝統文化に対応した独自の文化行政が待望される。

4　韓国農村における町並み保存の実態と課題

次いで、現地調査に基づいて、韓国各地で町並み保存がどのように展開され、その現況はどうなっているのか、また、将来的にどのような課題が存在するのかを以下の四種類の事例に分けて報告したい。

●国文化財指定村落

高城郡旺谷《ワンゴク》民俗マウル

韓国では、日本の伝統的建造物群保存地区に相当する村落を「民俗マウル」と呼んでいる。「マウル」とは日本の「ムラ」に相当する韓国語である。

江原道高城郡にある、この民俗マウルは伝統的建造物保存地区の第一号として、早い時期に国の文化財指定を受けた著名な村落であるが、現状においては、その保存と活用には大いに問題があると言わざるを得ない。文化財指定を受けて、一九八九年に調査報告書が作成されたが、そこで論じられた保存案については、未だほとんどが実現していない。わずかに食堂が二軒存在するのみで、それも観光客の利用は多くはないといい、観光客向けの設備としては村の入り口の案内板が唯一といえる。村では高齢化が進行し、一九八〇年代の世帯数五〇、人口一九六人から、一九九九年には世帯数五〇、人口は一四三人と過疎化が進行している。

そこで、郡の政策として、二〇〇〇年に国から二〇〇〇万ウォンの補助金を得て、伝統音楽の演奏家の若者たちを空き家になっている民家に招請し、時々農楽公演を行っている。また、保存活用に関する追加の補足調査も江原大学教授に依頼して、二〇〇〇年度に実施したという。

写真11　旺谷マウルの復元中の民家（2001年７月）

この村には、一五〇〇年代に初めて建築された寒冷地に対応した伝統的家屋が五〇軒余り現存しており、朝鮮戦争時に一度も爆撃を受けたことがなかったのが幸いした。民家の構造はL字型で、台所と牛小屋がくっついており、日本の岩手県にみられる南部曲り屋と同様の構造となっている（写真11・12）。家屋の周囲には、から臼や大きな壷が置かれ、煙突の上に壷を置く風習は興味深い。

牙山《アサン》市外岩里《ウェアムニ》民俗マウル

牙山市は、韓国中西部に位置する忠清南道の北部にあり、市街地の中心に温陽温泉が存在するが、そこから公州に向かう国道に沿って南へ六㎞程の地点に、外岩里民俗マウルは位置している。この村は、李朝時代中期に李挺の一家が都落ちして定住したことに始まるという。李挺から六代めの李東が外岩と

写真12　旺谷マウルの伝統的民家（2001年7月）

いう号を名乗り、それが村名になったという。この村は、雪華山を背山とし、前方に小川が流れる典型的な背山臨水の風水思想に基づく立地となっている。

外岩里民俗マウルの特徴としては、家々を囲む石垣が印象的である。村の入り口には小川が流れ、その脇には水車と休憩所の役割を有する八角亭がある。約八〇軒の民家の多くは藁葺き屋根であるが、その内で十棟余りの両斑家は瓦葺き屋根であり、よく手入れされた庭園との調和が美しく、韓国中部の忠清道の両斑家屋の伝統を伝える一〇〇年以上の歴史を持つ建築とされる。かつて変形された民家も復元修復工事が着々と進行中であり、民俗マウルとしての整備が進められている（写真13・14）。

九〇年代の訪問時には存在しなかった観光案内所やトイレ、駐車場などの整備も完了していた。しかし、村の人口は都市近郊の立地と観光地化にもかか

写真13　外岩里マウルの伝統的民家（2001年７月）

写真14　新たに整備された外岩里マウルの駐車場（2001年７月）

わらず、一九八九年の八一世帯、四一六人から、二〇〇〇年の六五世帯、二八〇人へと減少している。

ところで、この民俗マウルでは、韓流ブームのさきがけとなった、テレビドラマ『フレンズ』の撮影が行われた（二〇〇二年二月に放送）。主人公のウォンビンの故郷の場面が撮影されたのだが、ストーリー上では、後述の安東・河回マウルが故郷に設定されていた。

ただ、河回マウルは、ソウルから遠く離れているために、ソウルからそれほど遠くない、この民俗マウルが代替のロケ地に選ばれたのだろう。その波及効果もあってか、この数年は、グリーン・ツーリズムの拠点として、観光客が多く訪れるようになっているという。

なお、外岩里の代表的な両班家である李参判家に伝わる民俗資料は、国鉄温陽温泉駅から北に二㎞の地点に位置する温陽民俗博物館に展示保管されている。この財閥資本の民間経営による博物館は、韓国国内ではソウル景福宮内の国立民俗博物館に次ぐ規模の民俗博物館である。

安東《アンドン》市河回《ハフェ》民俗マウル

慶尚北道の文化都市安東の市街地から西へ二五㎞程の地点に位置する河回民俗マウルは村の周囲を洛東江に囲まれた立地となっている。この村は豊山柳氏一族の同族村として知られており、早くから調査研究の対象とされてきて、両班の宗家の伝統的家屋が建ち並んでいる。日本でも有

写真15　河回マウルの民宿食堂（2001年8月）

名な俳優のリュ・シウォンは、この村の両班の家の出身として知られている。

一九九九年の英国のエリザベス女王や日本の故小渕首相（当時）の来訪で、世界的にも有名になったこの村には韓国各地から多くの観光客が集まるようになり、二〇〇一年の日本映画『ホタル』では、最後の場面がこの村でロケ撮影されたことによって、日本人観光客の急増も予想されている。

観光地化にともない、村内には数多くの民泊（日本の民宿に相当）や食堂、土産物店が立地するようになり、二〇〇一年夏の現地訪問時には、民泊は一二軒、食堂は二一軒、土産物店は仮設のものも含めて六軒が存在した。ただし、民泊もしくは食堂と名乗っていても、実際には両者の兼業であることが多くみられる（**写真15**）。

村の入り口には以前から存在していた駐車場など

写真16　河回マウルの記念館と案内所（2001年８月）

に加えて、新たにイギリス女王訪問記念展示館や観光案内所も開設され、観光客への便宜が図られている（**写真16**）。さらに、村の入り口付近の沿道にも、韓国国内の仮面一九種二百余点と世界各地の仮面百余点を展示した仮面博物館や食堂などが林立するに至っており、このような観光開発が村の景観を破壊しているとの見解もみられる。

その一方で、村の人口は、この一〇年間で一一七世帯、三二〇人から、一〇七世帯、二三〇人に減少しており、安東市内や高速道路で一時間余りの大邱《テグ》広域市に移住する例が多くみられるといい、過疎化は着実に進行している。

慶州市良洞《ヤンドン》民俗マウル

慶尚北道の新羅の古都である慶州市街地から北へ二〇㎞程の地点に位置する良洞民俗マウルは、安康

写真17　良洞マウルの伝統的民家（2001年７月）

平野の東端にあり、安楽川に沿って、雪蒼山の谷間に拡がっている村である。この村は、驪江李氏と月城孫氏を中心とする同族村落であり、李朝時代初期には成立していた。

筆者の二〇〇一年夏の訪問時には、林権澤監督の『酔画仙』のロケ撮影が終わったばかりで、主演男優のチェ・ミンシクと出会ったことは、良い思い出となった。ちなみに、この作品は、二〇〇二年のカンヌ映画祭で、林監督に韓国映画史上初の監督賞受賞をもたらした。

驪江李氏と月城孫氏の家屋は、両班特有の瓦葺きの立派な屋敷構えであり、二〇〇年以上もさかのぼる伝統的家屋が五〇軒余りも点在している。それに加えて、召使たちの住んでいた藁屋根の家屋も残されている。村の入り口には管理事務所やトイレ、駐車場などの設備が設けられている（**写真17・18**）。

写真18　良洞マウルの藁屋根民家（2001年7月）

しかし、村の人口は一九七九年の一五一世帯、七四六人から一九九三年の一二八世帯、四七六人へと大きく減少し、一九六〇年代に比べると半減している。村は空洞化・化石化しているとの見解もみられるほど、激しい過疎化の波に洗われてきたことが知られる。

その一方で、慶州市観光課によれば、民俗マウルとしての観光開発に村民の半数が反対だということで、今後の観光開発の困難が予想される。また、両班は商売を好まないとのことで、村内の伝統食堂も二軒が営業しているにとどまっている。

この村に関する調査研究によれば、まず、過疎化の進行する村にとどまっている人口の多くは、女性と次男以下の人々であるという。そして、驪江李氏と月城孫氏の趨勢にも大きな変化がみられ、月城孫氏は所有地や戸数を減らしているのに対して、驪江

写真19　楽安マウルの城壁（2001年８月）

李氏は所有地や宅地を移動させながら勢力を拡大しているという。民俗マウルとしての観光開発への異なる対応はこの両者の対立に由来するものかもしれない。

順天《スンチョン》市楽安邑城民俗マウル

全羅南道の順天市の市街地から西へ二〇㎞余りの位置に楽安邑城民俗マウルはあるが、この村は韓国でも珍しい周囲を城壁で囲まれた邑城となっている（**写真19**）。その起源は一三九七年に倭寇の侵略を防ぐために土城を築いたもので、一六二六～二八年に土城が石城に改修された。城壁の高さは約四ｍで、周囲は一四〇〇ｍに及ぶ。

一九八三年には史蹟に指定され、復元事業が推進されて、面事務所の跡地に瓦屋根の客舎（中央政府からの使者の宿舎）が、小学校（初等学校）の跡地

写真20　楽安マウルの民宿（2001年 8 月）

には東軒および内衙（役所）が復元されて、農協倉庫跡地には資料館が建設され、郵便局などの施設も城外に移された。城内の民家のほとんどは藁葺き屋根を維持している。

さて、楽安の人口は一九八〇年代前半の城内の家屋数一四〇軒、二五九世帯、一三二一人から、一九九〇年代後半には一〇八世帯（城内七八）、二七九人となっている。二〇〇一年の城内の家屋数は一〇六軒であり、復元事業にともない、城外に移転した家屋も少なくないものと思われる。おそらくは依拠したデータが異なるとみられるため、単純に大幅減少とみなすことは誤解を招く恐れがあるものの、一定の人口減少は確実であると思われる。

城壁の内外に食堂や宿泊施設などの観光施設がかなり存在し（**写真20**）、数年前の訪問時には存在しなかった大規模な駐車場も整備されるなど、観光開発

写真21　城邑マウルの城壁（2001年８月）

は着実に進展しつつある。それにともない、訪れる観光客数もおそらくは順調に増加しつつあるものと思われるが、それでも過疎化の歯止めとはなっていないようである。

南済州郡城邑《ソンウプ》マウル

済州島《チェジュド》の中心地である済州市から南東へ三〇㎞ほどの位置の南済州郡表善面城邑里に城邑マウルはあり、一九八四年に良洞マウル、河回マウルとともに国家文化財である重要民俗資料に指定された。その名前からも知られるように、周囲を城壁に囲まれた村であり（写真21）、人口は四六二世帯、一四一八人である。南北に走るメインストリートに面した場所では、食堂や土産物店（写真22）が立ち並んでいるものの、それ以外の場所には観光地化はあまり及んでいない。また、民泊（民宿）の看板がみられたのは一軒のみであった。

この村では、結婚引退した名女優であるシム・ウナの出

写真22　城邑マウルの土産物店（2001年8月）

演した映画『イ・ジェスの乱』（一九九九年公開）のロケが行われた。ちなみに、彼女が扮した海女による潜水漁業は、済州島の漁業の中核を占める。

●地方文化財指定村落

国の文化財指定を受けてはいないが、集落内に古民家が点在する村落は、韓国各地にみられる。これらの村落においては、個々の古民家が地方文化財の指定を受けるにとどまっており、集落全体としての景観保全は、ほとんど配慮されていない。慶尚北道の星州市ハンゲマウル、慶尚北道の軍威市ハンバムマウル、慶尚南道の南沙マウルを訪問することができたが、これらの村落の全貌は十分に把握できていないため、詳細は今後の課題としたい。

写真23　南山コル韓屋村案内図（2001年９月）

●民俗村

韓国各地には、伝統的民家を移築した民俗村ないし文化財団地と称される文化観光施設が数箇所に存在するので、以下で紹介したい。

ソウル特別市南山《ナムサン》コル韓屋村

一九九七年にソウル特別市は、南山の山麓に比較的原型をとどめている両班《ヤンバン》の韓屋五軒を移築し、伝統家屋の構造や李朝時代の生活用具などを見学できる七九三四㎡の広さの韓屋村を造成した（**写真23・24**）。

この韓屋村は、南山公園の一角にあり、地下鉄駅からもすぐ近くに位置しており、その利便性もあって、ソウル市民のみならず、観光ガイドに案内された日本人観光客の姿もみられる。

交通の便が良く、しかも映画会社の集まる忠武路《チュンムロ》

写真24　南山コル韓屋村の伝統家屋（2001年９月）

から近いこともあって、映画やテレビのロケにも、しばしば利用され、ペ・ヨンジュンが主演した映画『スキャンダル』（二〇〇三年韓国公開）の撮影も行われた。

江原《カンウォン》民俗村

江原道横城郡晴日面春堂里にある江原民俗村は、祖先たちの民俗文化や生活様式を再現した歴史体験の現場であり、十数軒の伝統家屋を移築した展示施設を有し（**写真25**）、十数万点の民俗資料を展示する民俗博物館も併設されていたが（**写真26**）、郡庁観光課によれば、財政上の理由から、二〇〇一年三月をもって閉園したとのことである。それ以前は二五〇〇ウォンの入場料で、休館日なしで開園されていた。

ただ、二〇〇一年夏の訪問時には、現地の伝統家屋群は見学可能であり、時折は来訪する観光客の姿

写真25　江原民俗村の伝統家屋（2001年７月）

写真26　江原民俗村の民俗博物館（2001年７月）

も見られるが、民俗博物館の展示資料は撤収されていた。今後の予算措置が講じられなければ、伝統家屋群の補修整備もままならず、せっかくの伝統家屋の保存が無意味になってしまうことが懸念される。位置的に幹線道路からはずれた、路線バスの運行回数も少ない場所に民俗村を設置したことが不振の一因になったと憶測される。

江原道には二〇〇二年W杯の開催都市の割り当てもなく、政府の予算面で冷遇されているとも思われるが、文化財行政においては、地域差別のない政策を今後は期待したいものである。

済州民俗村

城邑マウルから更に南々東へ一〇㎞ほどの南済州郡表善面表善里の海岸近くに済州民俗村が、一九八七年二月に開園し、十周年を迎えた一九九七年にリニューアル・オープンした。総面積一五万七一〇〇㎡の広大な敷地内には九六棟の展示家屋が移築され、その内訳は山村（標高三〇〇m以上）一六棟、中山間村（標高一〇〇～三〇〇m）三八棟、漁村一一棟、巫俗信仰村五棟、済州堂門（済州道官衙）一二棟（**写真27**）、市場（民俗食堂）一四棟から成り、民俗資料八千点余りが展示されており、島内の古民家を網羅している。

この済州民俗村は、済州市から漢拏山《ハルラサン》麓を経由する東部産業道路と海岸線を一周する道路の結節点に位置し、交通の便の良さから団体観光客などが数多く訪問しており、済州島観光の拠点の

写真27　済州民俗村の済州堂門（2001年８月）

ひとつになっている。

以上の民俗村以外に、一九七五年に民間の観光会社によって設立され約二五〇棟の伝統建築物が存在する龍仁《ヨンイン》市の韓国民俗村や、古い建造物群からなる民俗村を野外展示に有する安東民俗博物館（**写真28・29**）、済州島の西帰浦《ソギポ》市西部に大規模に開発された中文観光団地の一角にある、二八棟の茅葺き屋根の民家が集められた中文民俗博物館（**写真30**）などが存在する。

●文化財団地

堤川《チェチョン》市清風《チュンブン》文化財団地

忠清北道の堤川の市街地から南へ一五km程の地点に位置する清風文化財団地は、一九八五年に忠州ダムの建設によって水没した南漢江流域の古民家・官衙・郷校・石仏などの文化財を望月山城の麓に移

写真28　安東民俗博物館本館（2001年９月）

写真29　安東民俗博物館野外展示（2001年９月）

写真30　中文民俗博物館（2001年8月）

転復元したもので、生きた伝統文化教育の場として活用されている（写真31）。

目下、食文化などを楽しめる総合市場を建設中である（写真32）。付近は湖畔リゾート地帯として観光開発が行われており、韓国KBS放送局の人気大河ドラマ『太祖王建』のメイン撮影場のひとつもあって、湖畔に船着き場や水軍官衙、望楼などのセットが設営されていて、新たな観光名所になっており、休日には多くの観光客でにぎわっている。

清原郡文義《ムニ》文化財団地

同様の事例として、忠清北道の道庁所在地の清州市の市街地から南へ一〇km余りの地点に清原郡文義面の文義文化財団地があり、一九八〇年に建設された大清ダムの湖畔に、両班家屋や酒幕、土塀の民家などが移転復元され、伝統瓦や古書が展示されて

写真31　清風文化財団地の伝統家屋（2001年8月）

写真32　清風文化財団地の総合市場（2001年8月）

写真33　文義文化財団地の伝統家屋（2001年8月）

いる遺物展示館もある（写真33）。

この付近には、豪華な大統領の別荘が立地しているが、ノ・ムヒョン前大統領は、この別荘を民間の見学者に開放した。

さて、このふたつの文化財団地を比較すると、まず清風文化財団地は入場料が必要であるのに対して、文義文化財団地は無料であり、にもかかわらず食堂や売店、資料展示館などは文義文化財団地のほうが充実している。酒幕では、実際にマッコリ（濁り酒）などの伝統酒を提供したり、鍛冶屋の屋敷では、包丁や農具類などの製品を直売するなどの工夫がみられる。清風文化財団地においては、建設中の総合市場に、このような機能を期待したい。

なお、安東市烏川遺跡地や安東市知礼芸術村も、文化財団地に類似した施設として存在するが、民俗村が観光施設としての色彩が強いのに対して、文化財団地は韓国特有の同族集団によって維持されている側面があると思われる。

●観光客アンケート調査から

観光客に対するアンケート調査を二〇〇一年七月から九月にかけて実施したので、その結果から、韓国における文化財観光の傾向を述べてみたい。

調査地点は、楽安邑城・河回マウル・良洞マウル・外岩里マウル・城邑マウル・旺谷マウル・江原民俗村・文義文化財団地・清風文化財団地・済州民俗村・南山民俗村の一一ヶ所で、調査の方法は、見学を終えた観光客に対して、対面する形式で観光客自身に調査票を記入してもらう形式をとった。アンケートは一一項目の選択式と自由記載欄を設定したが、以下では、特徴的な結果が現れた三点について述べたい。

まず、観光客が韓国国内のどの地域から来訪したものかを質問したが、ソウルおよび京畿道という回答が半数近くを占め、首都圏からの観光客が全体的に多いことを示している。また、一般的には近隣地域からの観光客がかなりの部分を占めているが、済州島のみは例外的で、ソウルと釜山からの観光客ばかりとなっており、大都市圏からのリゾート観光地として位置付けられているとみることができる。

次に、利用した交通機関を質問したが、自動車の利用が圧倒的に多かった。この項目から、韓国は今や車社会になっていることが知られる。韓国は日本に比べると、バス交通が高速バスからローカルバスまでネットワークをよく形成しているのであるが、路線バス利用者はわずか一人にとどまった。筆者も多くの場合、路線バスを利用して韓国各地を訪れたのであるが、観光客が利用していたのは体験上からも少数であった。

また、ここでも済州島は例外的存在で、観光客の自動車利用はほとんどがレンタカーとなっている。済州島と本土を結ぶフェリー路線がいくつか存在するものの、ソウルと釜山からの観光客は多くの場合、往復の飛行機と宿泊、そしてレンタカーもセットされたツアーを利用しているものと思われる。ここにもリゾート観光地としての済州島の特徴が示されている。

最後に、観光客の来訪目的を質問したが、観光旅行という回答が最多ではあったものの、伝統文化を知るため、ないし子弟教育という回答もかなりの数にのぼった。これは、失われてしまった伝統的な韓国文化を再認識するため、あるいは見聞する機会のない子供達に教えるためであって、これらの面が民俗村の本来的な機能であるといえよう。この項目においても、済州島での回答は、すべて観光旅行となっており、伝統文化観光もリゾート観光に組み込まれているものといえる。

以上の選択式の回答項目に加えて、自由記述式の回答項目として、良い印象と悪い印象について記してもらったが、半数ほどの調査対象者が何らかのコメントを記してくれ、この種のアンケート調査として回答率は比較的高かったといえよう。そのすべてを羅列的に示す余裕はないが、特徴的なコメントをいくつかあげてみたい。

まず、楽安では、食堂などの施設が過剰で、民俗村としての意味がないとか、子弟教育の面で問題があるとの意見がみられた。この点は、観光地化をめぐる住民と観光客の摩擦ないし軋轢であって、日本の歴史的町並み観光においても多かれ少なかれ生じている問題であり、観光地整備計画をいかに調和的に進めていくかが今後の課題となろう。

次いで、河回マウルでは、民宿や食堂が多すぎるという楽安と共通する指摘がいくつもみられ、文化財指定地としてふさわしくないという厳しい意見もみられた。また、建物が閉鎖的で、内部が十分観察できないという不満もみられたが、これは住民が日常的に居住している環境の中で、いかに歴史的町並み観光に対応させていくかという問題であり、日本の事例などを参考にして、よりよい観光客への対応を目指す余地があろう。

さらに、良洞マウルでは、町並みはよく保存されているものの、村の入り口にある教会が民俗マウルの景観と調和していないという指摘や（写真34）、電線と電柱が景観を台なしにしているという指摘がみられた。韓国では、キリスト教の普及率が高いため、村の教会は信仰上の大きな意味を有しており、簡単に移転するわけにはいかないかもしれないが、韓国の伝統的な町並みとは調和しないものであるため、その立地を再考すべきであろう。

写真34　良洞マウル入口の教会（2001年７月）

電柱の問題も、日本の町並み保存においては、いち早く裏通りに移設したり、地下に埋設したりして、町並み景観の復原のひとつに含められてきた経過があるので、韓国においても、ぜひ日本の事例を参考にして、電線と電柱を処理してほしいものである。なお、楽安と河回マウルでは、既に電線は地中化されている。

また、外岩里では、ゴミがめだつという指摘があり、河回マウルと同じく建物の内部が見られないという不満の声がみられ、これらは各地の民俗マウルに共通する課題といえよう。

旺谷マウルでは、西洋の物品が室内に存在するのが不満だという意見がみられたが、住民の居住環境を考慮すれば、建物内部の近代化はやむを得ず、むしろ日本においても、それを前提に歴史的町並み保存が進められているという実情がある。

一方、済州民俗村と城邑マウルでは、済州島の観光施設が全体的に入場料が必要なものが多く、高すぎるという共通する意見が目立ち、観光リゾート地である済州島が抱える問題点であるといえよう。

それに対して、文化財団地では、清潔できれいだという意見が多くみられ、住民の存在しない展示施設の特徴を示している。その一方で、鍛冶屋の実演販売は好評で、静的な展示のみならず、伝統文化を再現した動的な展示の有効性を示唆しているといえよう。

全体を通しては、村人が親切で人情があり、村の風景も美しいといった意見は数多くみられ、来訪した韓国人観光客が、伝統的町並みに対して、一定の評価を認めていることは確かであることが明らかになった。

5 景観保存の課題

以上、韓国の伝統的文化景観の保存と利用に関して、民俗村を中心に述べた。近年の韓国においては、その伝統文化への回帰の動きが高まっており、各地の歴史的伝統的観光地を訪れる観光客も増加しつつある。

その一方で、これらの伝統的文化景観の保存整備には、大きな地域格差が存在していることが明らかになり、現状では必ずしも十分な対策が講じられているとはいえない。二〇〇八年二月のソウル南大門（国宝第一号）の焼失は、まさに韓国の文化財保護の不十分さに起因したものであったといえよう。

今後は、文化財行政に万全の予算的裏付けを取ることが必要であり、地域格差に配慮した予算の配分が要求されよう。また、伝統的文化景観の残存する村落は、既存の指定地以外にも存在しており、その消滅が危惧される今日、早急な文化財指定の追加が不可欠となろう。

Ⅲ

伝統と開発のせめぎあい

5　大邱・友鹿里の観光開発

慶尚北道の道庁所在地で、人口規模では韓国第四の大都市である大邱広域市において、近年、日韓交流との関わりで観光開発を進めている地区として嘉昌面友鹿里の鹿洞書院をあげることができる。書院とは主に両班の子弟を教育する民間の学校であった。

大邱市内からバスで一時間近くの南部の山間部に位置する鹿洞書院は、豊臣秀吉の朝鮮侵略(文禄の役)に際して、朝鮮に帰化して戦績をあげたと伝えられる金忠善将軍（日本名は沙也可）を祀っており、一七八九年に創建された。その後、大院君の書院撤廃令で一時的に閉鎖されたが、一九一四年に再建された。

本章は、この沙也可に関する従来の諸説、および近年の観光開発計画について紹介することを目的とするものである。

1　沙也可をめぐる諸説

日本で沙也可を有名にしたのは、故司馬遼太郎といえよう。彼は、『週刊朝日』に長期にわたって連載した「街道をゆく」の早い時期に、沙也可について七回を費やしながら触れている。

彼の記述によれば、当時は優秀な観光ガイドも知らない場所であった。彼は、沙也可は実在したが、その著書とされる『慕夏堂記』は後世の作であり、日本名は「沙也門」であったのが、「沙也可」と誤読されたのであろうと推測し、朝鮮王朝と密接な関係のあった対馬の武士ではなかったかとの仮説を提示した。その後、一九九〇年代には、若者に人気のある旅行ガイドブックである『地球の歩き方』（ダイヤモンド社刊）の韓国版に、沙也可と友鹿里が紹介され、さらには、NHKテレビで司馬遼太郎の「街道をゆく・韓の国紀行」が一九九七年に映像化されて放送されたこともあって、この地を訪れる日本人観光客が急増した。一九九六年には二〇〇名余りであったのが、一九九九年一〇月には三六〇〇余名へと急増したという。

さて、沙也可という日本人にしては不自然な名前から非日本人説も存在するが、かつての植民地支配下において、沙也可は存在してはならない人物であった。

それでも、岡本越後守という武士が沙也可ではないかとの説が出されたり、朝鮮総督府の朝鮮史編纂官が、「宣祖実録」や「承政院日記」などの朝鮮王朝の史料の中に「降倭沙也可」や「降倭領将金忠善」の活躍を記した箇所を見つけだし、沙也可の実在を明らかにした。

近年では、小西行長の鉄砲隊を率いた佐賀明覚寺の先祖沙氏説や、同じく小西行長の鉄砲隊の松浦党説、加藤清正配下の原田信種説などの諸説がみられるが、秀吉に滅ぼされた紀州の雑賀衆の一員で「さいが」がなまって「さやか」に転じたとする説が有力とされる。

また、韓国において、一九九九年に「孝行」を説く中学校三年生の道徳の国定教科書に初めて沙也可が登場し、学習のために現地を訪問する生徒が急増したという。偶然にも、同じ年に、日本の高校日本史の教科書にも、初めて沙也可が紹介された。

この一九九九年一一月には、大邱市で「韓・日関係の新地平――友鹿里・金忠善」国際シンポジウムが開催され、その記録がまとめられて出版された。

なお、沙也可とは全く逆の立場の朝鮮人武士が近世日本に存在したことが、近年に指摘されている。

2　友鹿里における観光開発計画

一九九九年に、二〇〇〇～二〇一〇年まで推進される韓国政府の第四次国土総合開発計画における大邱圏開発計画文化観光分野研究案に「友鹿里の韓日友好村」造成計画が示された。日本の宮崎県南郷村の「百済の村」をモデルとして、二〇〇一年からの一〇年間、韓日の伝統的建造物や芸術公演館、韓日青少年研究館などが整備され、日韓の民間交流の場として活用される予定であるという。

具体的には、韓国と日本の文化を体験できる交流の場としての開発を目標とし、鹿洞書院を中心に金忠善将軍を追慕する空間の造成を通して韓日和合をめざし、伝統施設および文化体験施設、会議場や文化院などの交流施設を導入する。

さらに、文化体験プログラムや日本語学習講座などの学習プログラムを多角的に開発し、各種市民文化団体および研究団体との交流を促し、日本人の趣向に合わせた観光記念品の開発と、韓日の専門飲食店を誘致する。

その上で、鹿洞書院と墓所の周辺環境を再整備し、金忠善将軍の故宅を復元する。この部分が中心的な空間となり、追慕および文化施設を整備する。現在の村民の住宅は伝統韓屋として再整備し、宿泊施設としても活用し、韓国の伝統遊びの空間も設けて、観光客が楽しめる体験空間とする。

一方で、日本の文化体験施設としては、ランドマークとなりうる大型の伝統建築物と周囲に伝統家屋村を一体として造成し、異国的景観をもった、韓国国内の観光客を対象とした日本式宿泊

写真35　友鹿里の鹿洞書院（2001年８月）

施設を導入する。入り口付近には、駐車場や案内所、飲食店などのサービス・商業施設を配置し、外郭空間には各種の文化・教育・会議施設など、中心空間を支援するような施設を導入する。

以上の開発に際しては、現行の法的規制内で導入可能な施設を優先し、官民合同の開発方式を推進する。

ただ、二〇〇一年八月に現地を訪問した印象としては、鹿洞書院（**写真35**）に隣接して忠節館（**写真36**）が一九九八年に開館し、金忠善将軍の古文書史料や関連図書などを展示しているものの、友鹿里にはアヒルや山羊などの郷土料理店が十数軒あるばかりで、伝統的民家などの観光資源はほとんどみることができなかった。このような点から、予算的裏付けの面をも勘案すれば、今後どの程度の観光開発が実現できるかは未知数であるといえよう。

写真36　友鹿里の忠節館（2001年８月）

　しかしながら、以上で紹介したような韓国の自国文化と同時に日本文化を紹介する大規模な観光施設が開発されることは、韓日の文化交流史上において画期的であり、日本側からも、何らかの支援をすることが不可欠ではなかろうか。大邱広域市は、二〇〇二年のＷ杯サッカーの開催地のひとつでもあり、継続的な韓日文化交流の発信基地としての積極的な役割を期待したい。

　なお、次に触れる仁川中華街の整備計画が順調に進展しているのに対して、この友鹿里においては、現地を再訪する機会はないものの、インターネット検索の限りでは開発が計画どおりに進んでいるとはいえないようである。

6　仁川中華街の再開発

韓国のソウルと釜山に次ぐ人口第三位（二五〇万人）の都市である仁川広域市では、二〇〇一年春にアジアのハブ空港を目指して仁川新国際空港が開港し、二〇〇二年には日韓共催のW杯サッカーの競技が開催された都市のひとつであった。空港と港（ソウルの外港としての役割）に加えて、情報の出入り口として、松島沖の埋立地に情報化新都市を建設する計画が進められているが、一方では伝統文化の再評価も進められつつある。

そのひとつとして、W杯競技場の付近に存在する仁川郷校および仁川都護府庁舎を復元した伝統民俗村がある。W杯に向けた文化行政の一環として、二〇〇一年夏には完成間近であった（**写真37**）。

もうひとつが、国鉄仁川駅に程近い中華街の復興計画である。韓国では、チャジャン麺と呼ば

写真37　仁川都護府庁舎（2001年７月）

れる、炒めた黒味噌にソバを混ぜて食べる甘い味の独特のジャージャー麺が広く普及しているが、仁川中華街が発祥の地とされる。以下では、この仁川中華街の再開発計画を紹介したい。

１　起源と変遷

仁川は植民地支配下における開港都市として近代化が進められ、外国人居留地区が形成された。一八八三年の済物浦開港の一年後に清国領事館が設置されてから、中国人居留地区が形成され始めた。一九四〇年代までは、貿易商と料理屋などが集中して一万人を超える人々でにぎわったが、朝鮮戦争および一九六〇年代における華僑に対する各種の規制にともなう台湾移住などのため、この地を離れる人々が多かった。

ただ、統計上の中国人人口は最大時の一九一〇年で三〇〇〇人弱にすぎず、日韓併合にともなう減少の後、いったんは増加に向かうが、日中戦争の開戦にともない再度減少傾向をたどった。彼らは、旧清国居留地と、その狭小さから近隣に設置された第二清国居留地一帯に、一九一三年の居留地制度撤廃後も集住し続けた。が、男性人口が極端に多く、短期的な出稼ぎ移民者が多かったことがわかる。ただし、統計上の中国人人口には苦力(クーリー)と称された数千人に及ぶ季節労働者は含まれていないと思われる。

そのなごりとして、中華街が現存しているのだが、現在の華僑の人口は五〇〇人余りで、かつての規模に比べれば、その縮小は著しい。清国領事館の跡地に建設された民族教育の拠点としての中国人学校(幼・小・中)は存在するものの、中華食堂や店舗は点在しているにすぎず、中華街と呼ぶにふさわしい景観とはいいがたい面もある。

仁川広域市庁における聞き取りによれば、中華食堂の出前用の手提げを今も「テッカバン」と称するとのことで、中華食堂はまだ出前の配達が普及していなかった時期から率先してそれを導入しており生活基盤を確保するための方策であったという。現在も韓国では「オデン」など植民地支配に由来する食文化に関わる日本語が使われているが、「テッカバン」はその変形だろうか。

2 再開発の進展

仁川広域市の政策として、国際都市仁川の象徴として中華街を位置づけるべく復興計画が進められつつある。二〇〇〇年九月に策定された「チャイナタウン開発事業計画」によれば、二〇〇〇年六月に中国人観光客の韓国団体旅行が自由化された。中国沿岸七都市と仁川港を結ぶ国際旅客船が週に一三便運行されており、仁川国際空港の利用も加えて中国人観光客の急増が予想される。しかし、中国人観光客に対する観光商品や施設が皆無であるため、その受け皿として中華街の再開発と整備が計画されている。

なお、中国人観光客の増加に関しては、一九九九年の二〇・五万人から二〇〇〇年には二八万人へと三七%の増加が予測されているが、現実にも二〇〇一年七月二〇日から八月一九日までのオンシーズン中の出入国旅行客の国別割合で第一位の日本（二九・五%）に次いで、中国は第二位（二三・四%）を占めるに至っている。

さて、開発事業計画の概要は、チャイナタウンにモデル街を整備し、飲食店や特産物展示販売場などを併設した複合宿泊施設（総工費六二〇億ウォン）を建設するというものであり、中華経済圏から投資を誘致し、周辺地域と連携した国際的観光名所化を目指して、地域経済の活性化を

写真38　仁川中華街の楼門（2001年７月）

図るという効果が期待されている。

　まず、短期的段階としてのチャイナタウンのモデル街整備は、電柱の地中化事業や道路舗装と街灯整備、観光施設と中国風商店街の造成を二〇〇一年夏までに完了させるとの計画であるが、事業費の確保が困難であるため、今後の事業費二八億ウォンの全額国費支援を建議中とのことである。

　その成果としては、たとえば、仁川駅前に中華街を象徴する「牌楼」（中国式楼門）が建設されているが（写真38）、二〇〇一年七月の現地観察による限りでは、整備事業は計画どおりは進展していない。しかしながら、このような行政上の配慮もあって、近年は中華食堂や店舗が増加傾向にあるという。中華街の建物には二階にバルコニーのある独特の景観が残されているため（写真39）、これらの町並み保存にも配慮した復興計画が進められることを期待した

写真39　仁川中華街の食堂街（2001年７月）

い。

今後の計画として、中期的には、交通・宿泊・流通施設の補強で対中国貿易の拠点都市化を進め、長期的には、旧都心および新空港周辺に整備される予定の国際観光団地と連携して観光ベルト化を推進していくという。

なお、チャイナタウンの観光地化は、その食文化が観光資源になり得るか否かにかかっているとの指摘もあり、前述の韓国化したチャジャン麺やトウガラシで真っ赤なチャンポンが、果たして中国人観光客に受け入れられるかどうかは疑問が残る。

むしろ、国内観光客向けのエスニックタウンを創出することのほうが期待できるのではなかろうか。

ちなみに、その後の訪問で、この再開発計画が順調に進展していることを確認できた（**写真40・41**）。

さらに、二〇〇七年四月には、チャイナタウンが地

写真40　整備中の仁川中華街（2003年12月）

写真41　整備後の仁川中華街（2006年 7 月）

域特化発展特区に政府から指定され、今後は中国式伝統庭園や中国文化体験施設などが造成される予定であるという。

7　ソウルと全州の歴史的町並み

本章では、韓国の都市における伝統的景観の問題を扱いたい。韓国の都市において、伝統的町並景観の保全を目的とした「韓屋保存地区」の指定は、一九七〇年の慶州、一九七七年の全州、一九八三年のソウルの三都市のみに限られている。日本において、伝統建造物群保存地区の指定が年々増加していることとは対照的な状況にあるといえよう。

さて、韓国の都市における景観保存の経緯については、第4章で述べたが、二〇〇二年に開催された日韓共催のW杯サッカーでは、全州とソウルが開催会場となった。競技場の建設に加えて、日本ではみられなかった特徴として、伝統的景観の保全も外国人観光客の誘致などとの関連で進められた。本章においては、これらの近年の動向について紹介したい。

筆者は、W杯開催の前後の二〇〇一年夏、および二〇〇三年一二月の二回にわたり、現地を訪問する機会に恵まれ、その結果として、ソウルと全州の町並み保存をめぐる対応には対照的な面が存在することが明らかになった。

1 協力的なソウル市民

ソウルにおいては、かつての城壁都市の内部、王宮の周辺に「韓屋保存地区」が存在する。一九八三年に地域指定が行われた際の面積は六四万五五〇〇㎡であった（**図9**）。景福宮の東側に位置する北村《プクチョン》地区は、宮廷に勤務した高官（両班）たちの屋敷の建ち並ぶ一角であった。九〇年代には、保存地区の指定解除などの保存政策の変更にともない、伝統的な家屋は姿を消しつつあったが（一九八五年には、一五一八（五五％）、二〇〇〇年には九四七（四一％））、二〇〇二年以降、ソウル市当局は、清渓川の環境整備などをはじめとして、首都ソウルの伝統的景観整備に着手し、その一環として、北村地区の韓屋保存地区の町並みの修景が本格的に進められた（**写真42**）。二〇〇六年までが事業期間として予定されている。

その拠点として、北村文化センターが設置され、展示室に加えて、住民の交流や文化事業に使用される集会室も整備されている（**写真43**）。この町並み景観は、二〇〇四年一〇月に韓国国内で公開されたキム・ギドク監督の映画『空き家』（日本公開タイトルは『うつせみ』）で、さっそく

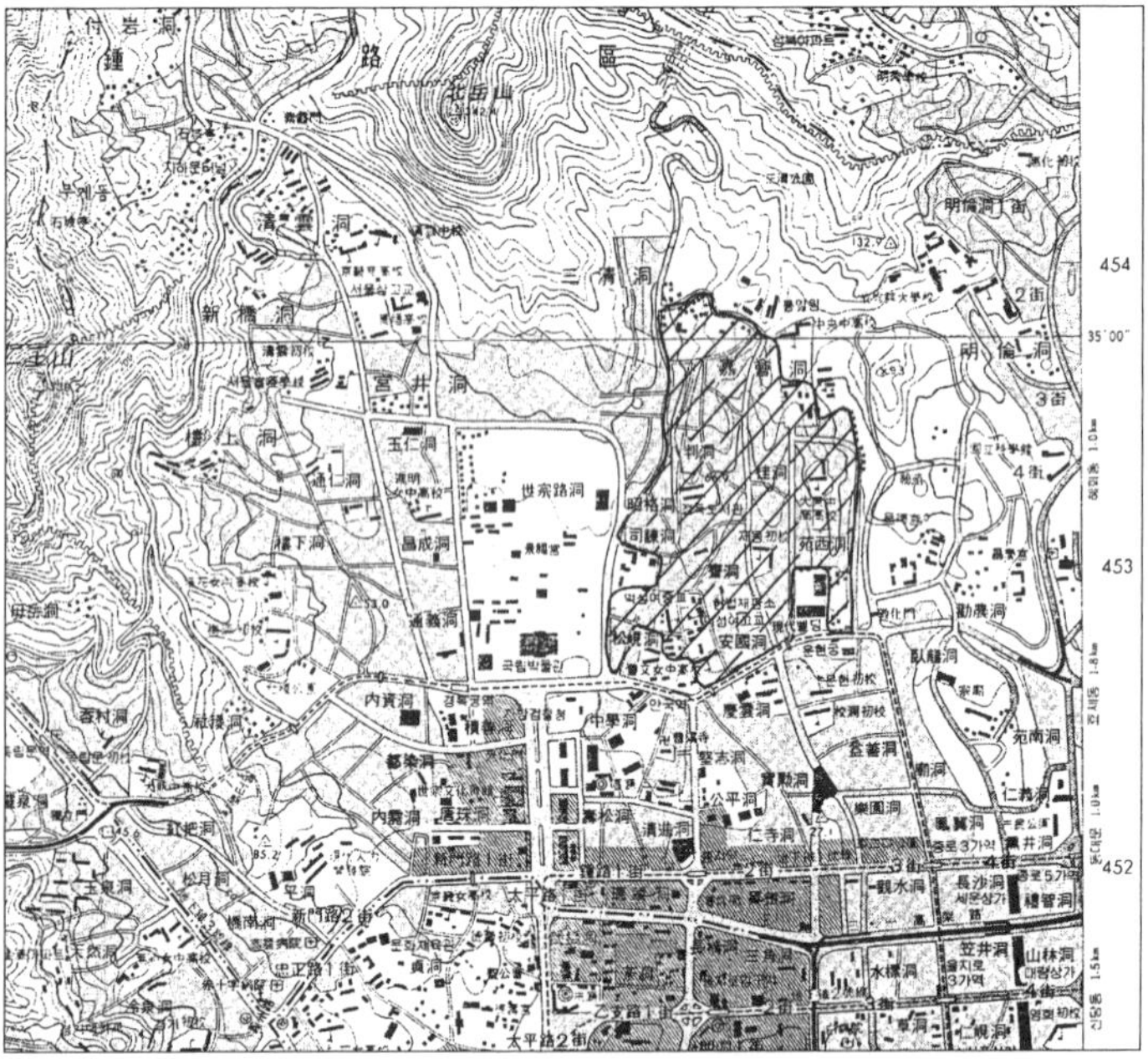

図９　ソウル市韓屋保存地区
斜線部が韓屋保存地区（原図は、25000分の１地形図）

ロケ地として活用され、そのオリエンタルな雰囲気は、この映画がベルリン国際映画祭で監督賞を受賞することに寄与したとみられる。

　また、二〇〇五年春には、この地区の町並みを探索する、日本からのツアーも企画されるなど、観光名所としての地位も確立されつつある。ちなみに、ドラマ『冬のソナタ』のロケ地として有名になった中央高校も、この地区の一角に存在する。

　町並みの整備に際しては、住民の意見を反映した形で進められたことが大きな特徴となっており、一定額の補助金も支給されたようで、住民との軋轢はみられないようである。

写真42　北村韓屋マウル（2005年 7 月）

写真43　北村文化センター（2003年12月）

写真44　復原された清渓川（2006年７月）

写真45　明洞の新世界百貨店（1996年３月）

なお、ソウルでは、清渓川《チョンゲチョン》をふさいで造成された高速道路の老朽化にともない、暗渠を取り払って、川の流れを回復させる復原工事が実施され、二〇〇五年秋に完工した。この河川敷は一般に開放され、人気スポットとなっている（写真44）。植民地時代に建設された新世界（旧三越）百貨店ビルも、改装されて二〇〇七年春に再オープンした（写真45）。このように、ソウルでは、伝統的景観を保全する動きが盛んになりつつある。

2　反発する全州市民

全羅北道の道庁所在都市である全州は、朝鮮王朝を開いた李氏の出身地としても知られる古都であり、かつての城壁都市の面影を伝える豊南門（写真46）や客舎などの伝統的建造物が残されており、その町並みは一九九九年に公開された映画『ホワイト・バレンタイン』の舞台ともなった。

その全州の市街地の東南部に韓屋保存地区（面積は二七万五五一一㎡）が存在するが（写真47・図10）、この地区もW杯を契機として、一九九九年に「伝統文化特区基本および事業計画」と称する町並み保全が計画された。しかし、保存すべき伝統的家屋（約八〇〇軒）に加え、地区内の近代的家屋も対象に含まれたため、住民からの反発が大きく、あちこちの民家の壁に韓屋地区指定反対といった赤ペンキの落書きが散見する（写真48）。一般家屋の町並み整備は、ほとんど進展し

写真46　全州の豊南門（1996年10月）

写真47　全州の韓屋保存地区（2001年 8 月）

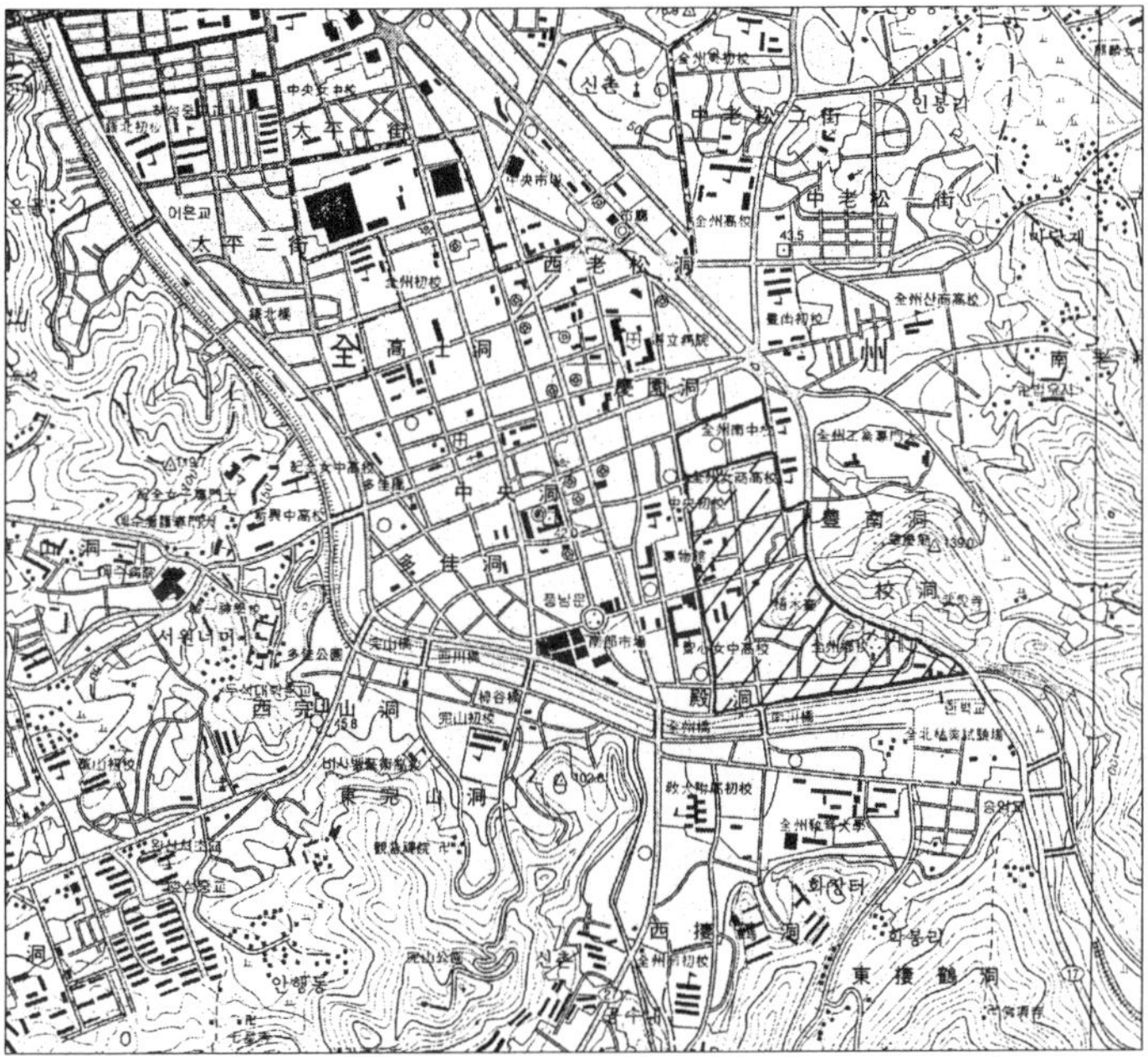

図10　全州市伝統文化特区
斜線部が伝統文化特区（原図は、25000分の１地形図）

ていない。

それに代わり、保存地区の中心部を貫く太祖路が拡張され、道路に面して伝統的景観を復元した建造物が観光客向けに整備され、付近には伝統芸能を上演したりする伝統文化センター、伝統的家屋に宿泊できる全州韓屋生活体験館、伝統的な酒類を味わうことのできる全州伝統酒博物館、全州工芸品展示館などが、W杯の前に続々とオープンした。その後も、観光客向けの食堂などの伝統的景観を復元した建造物が次々と建設されてはいるものの、全体としての町並み保全には至っていない。

二〇〇七年四月の現地観察では、

写真48　全州の地区指定反対の落書き（2001年８月）

拡張された太祖路に交差する道路沿いにも、いくつもの伝統家屋風の観光施設が新築されたり、建設中である光景を目にすることができたし（写真49）、リベラホテル付近の一部の町並み整備が進められている様子を見ることができた（写真50）。しかしながら、この地区もまた、観光施設が主体となっており、地域住民向けの町並み保存には至っていない状況が継続しているといえよう。

以上、ソウルと全州の町並み保存は、対照的な性格を有することを示した。

なお、全州において、住民を対象に実施したアンケート調査の結果から、おおむね観光客向けの整備は評価されているものの、整備ミスであるとか、修景されていない部分がめだつなどのきびしい指摘もみられた。ソウルでは、順調に町並み保存が進展しているのに比べ、全州では、住民の意見を踏まえた今後の対応が必要とされよう。

写真49　伝統韓屋風の観光施設（2007年 4 月）

写真50　整備された町並み（2007年 4 月）

8 ソウルのニュータウン

一九九四年七月、北朝鮮の金日成主席の葬儀の最中、韓国に一週間滞在した。ソウルの某大学の教授宅に居候を決め込んだが、この居候先がソウル郊外の衛星都市である城南市に計画的に建設されつつある大規模ニュータウンであったので、滞在中の見聞をレポートしたい。

1　ソウルの都市化の動向

一〇〇〇万人都市である首都ソウルの都市化前線は、どちらかといえば北よりも南へ南へと伸びつつある。これは南北を分断する三八度線にほど近いソウルの宿命ともいえよう。

一九九四年に建都六百年を迎えたソウルは、当初、漢江の北側に風水思想に基づいた城壁都市として成立した。それが、一九八〇年代には「一九七〇年代に入って漢江沿いに建設されたこれらの高層住宅団地群は、中・高所得者層に居住地を選別、分化させる効果をもたらした。そして、いまやソウルは、大部分の中・高所得者層が都心から脱出して漢江沿いの高層住宅団地に群れて住む、新しい都市構造をもつにいたった」(『新・韓国風土記』、一九八九年)と述べられたごとく、一九八八年のソウルオリンピック開催をひとつの契機として、漢江の南側に続々と高層住宅団地群が建設された。

しかし、日本のバブル経済と同様に、オリンピック景気でソウルの地価は高騰し、ソウル市内の高層住宅団地群は庶民の手の出ないものになってしまった。

そのような無住宅層に対して住宅を供給すべく、ソウル郊外にいくつもの大規模ニュータウンが政策的に建設されつつある。そのひとつが、筆者の滞在した盆唐ニュータウンである。

2　計画都市・盆唐ニュータウン

盆唐ニュータウンは、ソウルの中心部から南々東へ約二五㎞に位置する。筆者の滞在中は、ソウル中心部へ出るには、座席バス(観光バスタイプの定員制のバス)で三〇分、さらに地下鉄に乗り換えて合計一時間ほどを要したが、近々、地下鉄三号線が延長されるとのことで、ターミナ

写真51　盆唐ニュータウンと温室（2000年８月）

ル駅が建設中であった。これが完成すれば、都心への通勤時間は大幅に短縮される。なお、道路は、ソウルと釜山を結ぶ京釜高速道路のインターチェンジがニュータウンに隣接しており、ソウルに直通する道路も目下建設中であった。

さて、このニュータウンが計画されたのは一九八九年のことで、計画人口は三九万人、既に二二万人ほどが居住しているという。筆者の実家がある大阪府の千里ニュータウンの人口がおよそ一〇万人であることからして、この盆唐ニュータウンの巨大さが想像されよう。

計画面積は、二〇〇〇万㎡弱で、その土地利用の内訳は、居住地区が三割弱、商業地区が一割弱で、残りはさまざまな公共地区となっており、広大な中央公園などのオープン・スペースが豊富に存在する。

この中央公園には、開発前に当地に存在した同族村落の民家が保存されていたり、首都ソウルの宮廷のひとつである景福宮を模した池と建物が配置されたりして、文化公園としての要素も盛り込まれている。

居住地区は、一戸建住宅地区も存在するものの、その七割強は高層住宅団地群（韓国ではアパートと称される）であり、日本以上に高層住宅団地指向の強いことが示されている。

なお、ニュータウンの周囲は、グリーンベルトの開発規制があるためか、広大な農地が広がっており、首都圏に野菜などを供給する近郊農業地域となっていて、数多くの温室が存在している（**写真51**）。

3　ニュータウンの生活事情

次に、筆者が一週間滞在した某教授宅を例に、ソウルのニュータウンの暮らしぶりを報告したい。この教授宅は、一七階建の高層住宅の一角にあったが、エレベーターの両側に各階二世帯ずつで、一戸当たりの床面積は約五〇坪、エレベーター・ホールなどの共有部分を合わせると六〇坪近く、さらに地下駐車場も共有しているという。

日本の首都圏では三〇坪のマンションでも稀であるのに比べ、はるかにゆったりした空間を有しているのが、第一の特徴である。韓国では、街角のあちこちに、日本でいうモデルルームが営

写真52　アパートのモデルハウス（1998年７月）

業している風景がみられる（写真52）。

全室にバルコニーが付いていてさらに外窓があるので、筆者のような高所恐怖症の人間でも圧迫感を感じることはない。たぶん、バルコニーはキムチの甕を並べたりするためにも必要なのであろう。ちなみに、韓国の冷蔵庫には、キムチを漬けるためのスペースが設けられている。

さらに、バス・トイレも家族用が奥に、来客用が玄関そばに設けられているので、居候の身分にとってはたいへんありがたいものであった。

建物の入り口は、日本のマンションのようなオートロックではなく、管理人が常駐して、出入りする人々をチェックする体制が取られていた。身だしなみがきれいとはいいがたい筆者などは、片言の韓国語でもって、当初、この関門を通り抜けるのは容易ではなかった。

各室はもちろん韓国の伝統的なオンドル部屋であり、しかもニュータウンの全体に集中暖房が配されているため、暖房費も非常に安いとのことであった。

ただ、冷房はあまり普及していないようで（高層住宅の上階は風通しがよいため、冷房の必要性はそれほどないという）、日本と同じく、猛暑に襲われた今夏は、エアコンの売り切れと水不足の報道がマスコミをにぎわせていた。

また、上水道だけはあまり水質がよいとはいえず、水道水を生で飲むには適さないとのことで、この教授宅では毎週、親戚の住む春川市（漢江の上流部にダムがいくつも立地し、ソウルの水源地帯となっている）まで飲料水を汲みにでかけるとのことであった。

郊外のニュータウンでたいへんなのは、やはり都心への通勤である。この教授宅では、共働きのため、夫人は早朝六時半に出発する。ソウルのラッシュアワーは、日本よりも朝は早く、夜は遅いので、特に朝の通勤はたいへんになる。

自動車での通勤では、とりわけ漢江に架かる橋が混雑する。漢江には十指を越える橋が架けられているものの、ソウル南部への人口膨張を支えるには不十分で、橋の部分では車線が少なくなるため、大渋滞が頻繁に発生する。渋滞する車の列に対して、アイスクリームや缶ジュースを売り歩く商売がみられるのもソウルならではといえよう。

しかも、交通混雑の緩和のために、公務員には自動車のナンバーによる乗り入れ制限が一〇日間に一回実施されているため、当日の通勤はたいへんな騒動になる。ちなみに、二〇〇二年のW杯時には、より本格的な乗り入れ制限が実施された。この教授宅は、夫婦ともに私立学校に勤務のため、その制限は免れているが、公務員である親戚の通勤には協力しているとのことであった。

一方、公共交通機関の料金は、日本よりもはるかに安いが、地下鉄からの接続バスはラッシュ時には長蛇の列ができるといい、しかもバスは猛スピードで飛ばすので、交通事故も日本よりはるかに多いそうである。

さて、このニュータウンへの入居は、たいへん倍率が高く、なかなか抽選を突破するのは簡単ではないとのことである。続々と高層住宅群が建設中であったが、ソウル市内からの移転世帯が多いとのことで、無住宅層に住宅を提供するという政策の目的には反して、実際には地価の上昇したソウル市内の高層住宅群から、より広い居住空間を求めて移住する場合がむしろ多いという。

以上のように、ソウルのニュータウンは、日本のいわゆる「ウサギ小屋」的住居とは全く異なり、非常に理想的な居住環境にあることを、短期間の滞在ながら肌で感じることができた。

日本では、依然として、マンション需要は広さよりも、価格の安さや通勤時間が重視される傾向が強いが、隣国の例をもって範とすべし側面は大いにあろう。

なお、韓国では、平均居住年数は日本よりかなり短いと思われ、ライフサイクルに応じて頻繁に引越しが行われることがよくみられる。今は大学を定年退職された上記の先生も、娘さんの自立にともない、すぐ近くの高層住宅に引越し、さらに数年後には、より南に建設中のニュータウン（地下鉄が延伸されるとのこと）に移住するとのことであった。

あとがき

筆者と韓国との関係は、人との繋がりを通しての出会いの連続だった。最初に韓国に関心を持つようになったのは、ソウルの誠信女子大学の崔基燁教授が故水津一朗先生の指導を仰ぐべく京都大学文学部地理学教室へ留学に来られた際であった。一九八三年夏の初めての訪韓時も、崔先生にはたいへんお世話をいただき、最初の留学もまた、誠信女子大で受け入れていただいた。

さて、当初の韓国地誌研究の主眼は、古地図研究および山岳信仰研究にあった。九〇年代に執筆した論文で、本書に収録した「計画都市水原」および「韓国の山岳信仰」に、それは反映している。修士論文以来、出羽三山信仰をはじめとする日本の山岳信仰の地理学的研究に取り組んできたため、韓国の山岳信仰がどのようなものであるのかに、大きな関心を抱いた。

さらに、博士課程進学後に同学の友人たちと開始した葛川絵図研究会の調査研究活動の中で、古地図研究にも対象を拡げたため、韓国の古地図にも関心を持ち始めた。一九九四年二月の二度目の訪韓は、ちょうど韓国の古地図集が刊行されたとの情報に接して、崔教授にお願いしてこの大著を入手していただき、それを受け取るべく訪問したものだった。前年の大田科学万博の開催を契機に、日本人観光客のノービザ入国が実現したので、気楽に訪韓できたのだが、すっかり韓国の魅力に取りつかれてしまった。

それからは年に数度の訪韓を重ね、ソウルを拠点に韓国各地を行脚した。九八年夏には日本学術振興会特定国短期派遣で一ヶ月間の留学をする機会に恵まれ、その折の現地調査を踏まえて、本書に収めた「城壁都市ソウル」の論文を執筆することができた。本来の専門分野ではないため、崔教授からいただいた膨大な韓国語の都市地理学関連の文献のコピーのおかげで、まとめることができたのであった。

その頃、上越教育大学で開催された東アジアのシンポジウムで、筑波大学で民俗学を専攻されたソウルの中央大学の朴銓烈教授と知り合い、ソウルの大学へおうかがいして、〇一年夏に日韓文化交流基金による研究者派遣で三ヶ月間の留学を受け入れていただいた。この時には、韓国各地を歩き回ったが、地方農村の伝統的景観についての現地調査を主目的とし、本書に収録した「伝統的文化景観の保存と利用」の論文を報告書としてまとめた。

また、「大邱・友鹿里の観光開発」および「仁川中華街の再開発」の論文も、その折の現地調査の成果をまとめたものである。この年は、〇二年のW杯の前年でもあり、日韓の友好関係が非常に親密となり、韓国各地の自治体に日本語の通訳者が常駐していたり、日本の自治体から派遣された日本人職員がいたりして、拙い韓国語で話さずとも、的確に用件を翻訳していただくなどの恩恵を受けることができた。

そして、〇三年一二月には、再度の日本学術振興会特定国短期派遣で、ソウルの中央大学に三週間の留学を受け入れていただき、都市における伝統的景観に関する現地調査を実施した。ただ、韓国の冬はとても寒く、避寒もあって、映画館で韓国映画を鑑賞する機会が多かった。折りしも、韓国映画『シルミド』が公開され、韓国映画の動員記録を更新するなど、韓国映画に破竹の勢いがみられた時期でもあった。「ソウルと全州の歴史的町並み」は、この折の研究成果をまとめたものであるが、この前後から韓国映画に興味を抱くようになり、序章の「韓国映画に描かれた民俗文化」の内容を綴るようになり、さらには映画を通した地域活性化への関心を高めつつある。

さて、本書は、どちらかといえば、学術刊行物に投稿した論文が大半を占めるために、一般の読者には、やや難解な表現が目に付くかもしれない。単行本化に際しては、筆者自身が撮影した写真を入れて読者の理解の一助とし、さらに一部を一般向けの表現に改めたり、書き加えたりしたつもりではあるが、この点はお許しいただきたい。

なお、各論文の初出は、以下のとおりであるが、韓国の博物館については、村山民俗学会会報に連載したものである。

「韓国民俗学の研究動向と課題」山形民俗九、一九九五年。

「韓国ソウルのニュータウン」季刊地理学四七、一九九五年。

「地図にみる韓国の計画都市水原の発展」東北生活文化論文集一五、一九九六年。

「城壁都市ソウルの発展と大都市圏の形成」（成田孝三編『大都市圏研究（上）』大明堂）、一九九九年。

「仁川中華街の再開発」季刊地理学五四、二〇〇二年。

「大邱市友鹿里における日韓交流と観光開発」村山民俗一六、二〇〇二年。

「韓国農村における伝統的景観の保全と活用」（石原潤編『農村空間の研究（上）』大明堂）、二〇〇三年。

「韓国都市における伝統的町並景観の保全と利用」季刊地理学五七、二〇〇五年。

「韓国映画に描かれた民俗文化」山形民俗一九、二〇〇五年。

「韓国映画に描かれた民俗文化（続）」村山民俗二〇、二〇〇六年。


研究面で感じることとして、韓国においては学際的連携がいまだ十分とは言いがたい点を指摘できる。全羅北道のセマングム干潟の干拓問題で、広範な反対運動が展開した際に、さまざまな分野の研究者たちが協力して、そこではじめて学際的な調査研究体制が整ったという。伝統的景観の保存といった問題に関しては、歴史学、地理学、考古学といった文系分野のみならず、土木・建築学といった理系分野との連携が必要となるが、韓国では、そのような連携の枠組みづくりから始めることが重要であると思われる。

さらに、文化財保護の視点として、日本の文化庁が取り組み始めた文化的景観の保全といった、日常的な生活の場を含んだ景観保全が今後の課題となろう。その際には、上述のような学際的な学術体制と文化財行政との有機的な連携が有効に機能してはじめて、意味のある景観保全が実現するといえよう。

その面で、日本の文化庁との交流や、日韓の関連学界との交流をより活性化させることが不可欠となろう。本書が、そのような問題提起の一端となれば幸いである。

岩鼻通明

二〇〇八年四月

参考文献

第Ⅰ部

川村湊『「大東亜民俗学」の虚実』講談社、一九九六年。
真鍋祐子『光州事件で読む現代韓国』平凡社、二〇〇〇年。
佐藤忠男『韓国映画の精神』岩波書店、二〇〇〇年。
的田也寸志『狐怪談』竹書房文庫、二〇〇四年。
イ・スヨン／大石圭『4人の食卓』日本テレビ、二〇〇四年。
石坂浩一『トーキング　コリアンシネマ』凱風社、二〇〇五年。
川村湊『アリラン坂のシネマ通り』集英社、二〇〇五年。
渡邊欣雄・三浦國雄編『風水論集』凱風社、一九九四年。
野崎光彦『朝鮮の物語』大修館書店、一九九八年。
朴永圭（尹淑姫・神田聡訳）『朝鮮王朝実録』新潮社、一九九七年。
崔昌祚（金在浩・渋谷鎮明訳）『韓国の風水思想』人文書院、一九九七年。
姜在彦『世界の都市の物語7　ソウル』文芸春秋、一九九二年。
中村欽哉『ソウル　日帝下の遺跡を歩く』つげ書房新社、一九九八年。
尹張燮（尹張燮・柳沢俊彦訳）『韓国建築史』丸善、一九九七年。

西垣安比古『朝鮮の「すまい」』中央公論美術出版、二〇〇〇年。

ソウル市〈根の深い木〉社編（安宇植編訳）『新・韓国風土記1　ソウル・釜山・済州島』読売新聞社、一九八九年。

樋口節夫『近代朝鮮のライスマーケット』海青社、一九八八年。

中野茂樹『植民地朝鮮の残影を撮る』岩波書店、一九九〇年。

朴仁鎬『韓国地域発展論』多賀出版、一九八九年。

伊藤亜人『アジア読本　韓国』河出書房新社、一九九六年。

矢田俊文・朴仁鎬編『国土構造の日韓比較研究』九州大学出版会、一九九六年。

樋口節夫『都市の内部構造』古今書院、一九七九年。

都市開発制度比較研究会編『諸外国の都市計画・都市開発』ぎょうせい、一九九三年。

全相運『韓国科学技術史』高麗書林、一九七八年。

『徳寿宮中遺物展示館図録』韓国文化財保護財団（日本語版）、一九九二年。

金載元・山元正勝『ソウル・水原』講談社、一九六八年。

第Ⅱ部

関野貞『朝鮮の建築と芸術』岩波書店、一九四一年。

金奉烈（西垣安比古訳）『韓国の建築―伝統建築編―』学芸出版社、一九九一年。

ソウル市〈根の深い木〉社編（安宇植編訳）『新・韓国風土記』第一～五巻、読売新聞社、一九八九年。

網野善彦他編『ヒトと環境と文化遺産』山川出版社、二〇〇〇年。

金宅圭『韓国同族村落の研究―両班の文化と生活』学生社、一九八一年。

杉本尚次『世界の野外博物館』学芸出版社、二〇〇〇年。

第Ⅲ部
康熙奉『韓国ふるさと街道をゆく』スリーエーネットワーク、二〇〇〇年。

司馬遼太郎『街道をゆく　二』朝日新聞社、一九七二年。

仲尾宏『朝鮮通信使と壬辰倭乱』明石書店、二〇〇〇年。

孫禎睦（松田皓平訳）『韓国都市変化過程研究』耕文社、二〇〇〇年。

西村幸夫『都市保全計画　歴史・文化・自然を活かしたまちづくり』東京大学出版会、二〇〇四年。

写真59　国立中央博物館案内図（2006年７月）

59)。東館の展示館の１階は考古館と歴史館、２階は美術館Ⅰと寄贈館、３階は美術館Ⅱとアジア館から成るが、それぞれの展示館は10ほどの展示室から構成され、ざっと見学するだけでも、たっぷり２時間を要した。展示館の内部は吹き抜けになっており、そこには古代の巨大な石塔が展示されている。展示そのものは、壁面埋め込み展示が主体で、やや見づらい感もあった。

もうひとつ気にかかっていたことは、大学時代の同級であった故千野香織氏（前学習院大教授、元東京国立博物館学芸員）の寄贈品が収められているのを確認したかったのであるが、幸い、クロークに日本語の達者な老婦人がおられて、彼女の蔵書が図書館に寄贈されていることを知ることができた。

http://www.new-museum.go.kr/

写真57　景福宮からみた旧朝鮮総督府庁舎（1983年７月）

写真58　光化門路からみた旧朝鮮総督府庁舎（1983年８月）

る。世界遺産にも指定されている朝鮮王朝時代の王宮のひとつである昌徳宮の西側に隣接して立地しており、1993年に開館した。

3000点余りの仏教美術品を所蔵しており、さほど規模は大きくないものの、3つの展示室から成り、第1展示室には「霊山会上図」や「三蔵菩薩図」などが、第2展示室には「水月観音図」や「阿弥陀極楽九品会図」などが、第3展示室には「釈迦牟尼佛坐像」や「指章菩薩三尊佛龕」などが展示されている。なお、野外には七層石塔なども展示されている。

韓国の仏教寺院は、朝鮮王朝時代の弾圧によって、地方の山麓に立地していることが多く、文化財も、古くは秀吉の侵略時、近年では植民地支配下の略奪や朝鮮戦争にともなう消失によって、さほど多くは残されていないので、仏教美術品を数多く収集している博物館は貴重な存在といえる。

もちろん、公州や扶余、慶州など何ヶ所かの国立博物館には、仏教美術の優品の展示は存在するものの、ソウル市内の中心部に専門的な博物館が立地していることは有意義といえよう。

http://www.buddhistmuseum.co.kr/

10. 国立中央博物館

この博物館を見学した回数は数え切れないほどだが、その建物は4度にわたって移動している。最初の訪韓の1983年には、景福宮内にある現在の国立民俗博物館が、中央博物館として使われていた。その後、80年代後半に旧朝鮮総督府の建物に移転するが、1994年の2度目の訪韓の際には、この歴史的建造物の内部をも含めて見学することができた（**写真57・58**)。1995年8月に、この建造物が取り壊されたのは、歴史的景観保全の意味からして残念であった。

現在の建物は、2005年秋に龍山家族公園内へ新築移転されたものである。この地もまた、植民地支配下で日本軍基地となった場所であり、戦後は米軍基地となっていたものが返還されて、ようやく平和利用となったものである。

さて、博物館の全体像は、まさに巨大な展示館を構成している（**写真**

写真56　北村の嘉會博物館（2003年12月）

う（**写真56**）。ソウルの景福宮と昌徳宮に挟まれた北村地区に存在する。

この北村地区は、近年、伝統的町並み景観の保全がソウル市当局の肝いりで大々的に実施され、韓屋マウルと呼ばれる町並みが再生した。2004年秋に韓国で公開された、キム・ギドク監督の映画『空き家』では、早速この地区でロケが行われて、韓屋の民家が効果的に活用された。

この博物館そのものも、やはり韓屋を展示スペースとして活用したものであり、2002年に開館した。民画などの伝統工芸品や民俗資料など、1500点余りが所蔵されている。

ソウルの中心部に位置する伝統的町並み巡りを楽しむ中で立ち寄りたい博物館のひとつである。

http://www.gahoemuseum.org/

9. 韓国仏教美術博物館

この博物館もまた、嘉會博物館と同じくソウル中心部の北村地区にあ

写真55　ソウル市立美術館（2002年５月）

法院の建物を保存活用して、その後ろ側にメインの建物が新築されている。現代美術のすべてのジャンルを収容した総合的な現代美術館とのことで、展示面積は広大で、デジタル映像などを活用した超モダンな展示が印象に残っている。

場所は、ソウルの中心部の徳寿宮の外周の道を少し入ったところに立地しているが、屋根には、巨大なにわとりのとさかの像が飾られており、よく目立つ存在となっている（**写真55**）。

折に触れて企画展や特別展が行われ、第３回ソウル国際メディア・アート・ビエンナーレが2004年末から翌年の２月初旬まで、この美術館を主会場に開催された。

http://seoulmoa.seoul.go.kr/main.html

8. 嘉會博物館

この博物館は、いわゆる街角ミュージアム的雰囲気の博物館といえよ

写真54　ソウル歴史博物館（2007年５月）

の地域開発が日本以上に積極的に展開されたことがわかる。

さて、この博物館は、光化門十字路から西へ向かった慶熙宮跡地に建設されたもので、敷地そのものが史跡公園になっている（**写真54**）。たいへん広大な展示であり、常設展示は、首都ソウル、ソウルの人々の生活、ソウルの文化、都市ソウルの発達など、多様な内容であり、さらにパソコンを活用した展示や、実物に触れることのできる展示など、工夫が凝らされている。また、寄贈品などを展示する企画展示室が設けられており、韓国の古地図研究の大家であった故李燦先生のコレクションも展示されていた。

ソウルの新名所のひとつともいえよう。

http://www.museum.seoul.kr/

7. ソウル市立美術館

2002年５月に移転開館したこの美術館は、正面の部分は、かつての大常設展示室は、1階が考古室で、先史時代から統一新羅時代に至る豊富な考古遺物が展示されているが、中でも百済時代の黄金遺物がすばらしい。2階には、美術室と民俗室があり、仏教美術品、陶磁器、金属工芸品や、農耕、食生活、民俗工芸、民俗芸能などの展示があり、あわせて1300点余りが展示されている。1階には企画展示室も設けられ、毎年、多様なテーマの企画展が開催されている。

なお、野外には、広大な敷地の中に、古墳や石碑などが遺跡公園として展示されており、隣接して全州歴史博物館が設置されており、一帯は文化地区を形成している

http://jeonju.museum.go.kr/jp/index.htm

5. 全州歴史博物館

全州国立博物館と同じ敷地の中に立地している。

開館は2002年5月と最近である。この時期は、日韓共同開催で行われたW杯サッカーが開催される直前であり、この博物館そのものが、いわばW杯特需で建設されたといえよう。別途、紹介するソウル歴史博物館もまた、同時期の開館であった。

さて、1階と2階は企画展示室となっている。3階は体験室で、版画刷りや、昔の遊びなどを体験学習できる施設となっている。4階は常設第1展示室で、東学農民革命に関する展示が、5階の第2常設展示室には、独立運動から現代の民族運動に至る展示が行われており、全州の近代史に関する展示が中心となっている。

http://www.jeonjumuseum.org/

6. ソウル歴史博物館

この博物館を初めて訪問したのは、開館まもない2002年5月のことだった。ちょうど、日韓共催のW杯が開かれる直前のことであった。すぐ近くに位置するソウル市立美術館も開館したばかりであった。先に紹介した全州歴史博物館も同時期の開館であり、韓国ではW杯がらみ

表作に関するものなどから構成されている。

また、ミュージアムショップでは、過去の漫画を複製して販売するなど、数多くのミュージアムグッズが販売されており、たいへん興味深いものがある。大人も子供も、家族で楽しめる博物館として、多くの来場者を集めている。

http://www.comicsmuseum.org/

4. 全州国立博物館

韓国には、9つの道ごとに、国立の博物館が存在しており、その点では、日本よりも博物館行政は進んでいるといえるだろう。

次に紹介するのは、全羅北道の道庁所在地である歴史的都市の全州（チョンジュ）にある全州国立博物館である（**写真53**）。

位置的には、全州市の西南部の郊外にあり、中心部からは、バスで30分ほどを要する。

写真53　全州国立博物館（1996年10月）

2. 富川教育博物館

次もまた、教育に関わる博物館を紹介しよう。富川は、ソウルの西郊にある衛星都市で、ソウルの外港としての役割を有する港町仁川とソウルの中間に位置し、近年はソウルのベッドタウンとして人口が急増している。そのような衛星都市が、このような博物館を有していることに驚くとともに、近年の韓国の教育熱の高揚を反映するものでもあろう。

展示室は、8つのコーナーに大別され、富川の教育では教科書に現れた富川を、三国時代～朝鮮時代では古書を、書堂では朝鮮時代の書堂の再現を、日帝時代では植民地支配下の教育資料を、50年代では朝鮮戦争当時の教育資料とユネスコを通して援助された教科書を、60～70年代では当時の学用品や学習資料などを、教室では60～70年代の教室の再現を、80年代以降では変化する世界と変化する教育を、それぞれ展示している。

展示資料の総計は、5000点を越えるという。教室のダルマストーブの上に積み重ねられた弁当箱が往時を懐かしく思い出させてくれた。

http://www.bcmuseum.or.kr/

3. 韓国漫画博物館

先に紹介した富川教育博物館と同じ富川総合運動場のスタジアムの1階に、韓国漫画博物館が設置されている。ソウル郊外の富川（プチョン）市にある、この博物館は、韓国で最初の漫画専門博物館として知られており、一度は訪れたいものと思っていた。

今日の韓国の、漫画やアニメは高い水準を有しており、日本のアニメ製作も、韓国などとの国際分業の形をとっていることはよく知られている。さらに、日本では、大学に設けられた漫画学科は、京都に唯一、存在するのみのはずだが、韓国では、いくつもの大学に漫画学科が設置されているそうで、今や、日本を上回るアジアの漫画大国となっているのだ。

展示の内容は、20世紀初頭以来の韓国漫画の歴史的歩みや、昔の漫画資料群を通して韓国を知ろうとする試み、さらには主要作家の履歴や代

付　韓国の博物館

韓国へ足しげく通うようになって10年余りが過ぎた。1993年に大田で開催された科学万博を契機として、日本人のノービザ観光が認められるようになり、それと同じ頃に仙台から韓国行きの国際線も運航され始め、年に数回の訪韓をするようになった。98年・01年・03年と派遣助成もいただき、韓国地域研究を手がけ始めたが、その過程で、韓国各地の博物館や美術館を訪問する機会も多く、それらを紹介していきたい。

1. ソウル教育史料館

最初に紹介するのは、ソウル教育史料館である。この史料館をわざわざ訪問したというよりは、03年末にソウル市北村地区の韓屋保存地区の現地調査を行なった際に、その地区内にこの史料館が存在していたのであった。

この史料館の開館は1995年であるが、赤レンガの建築は、おそらくは日本の植民地支配下のものとみられる。常設展示は6部門からなり、伝統期・開化期・民族抵抗期・米軍政期・教育課程期・ソウル市教育庁の昨日と今日、から構成されている。とりわけ、朝鮮戦争の戦乱期にも継続された教育の展示に心を打たれた。

また、その向かい側には、企画展示室が設けられ、訪問時には「朝鮮時代のソンビと文房文化」の企画展が開催中で、いわば在野の学者としてのソンビが残した伝統的な文房具の数々が展示されていた。

http://www.edumuseum.seoul.kr/

■著者略歴
岩鼻通明（いわはな・みちあき）
1953年　大阪市生まれ。
1983年　京都大学大学院文学研究科博士課程退学。
現　在　山形大学農学部教授。人文地理学（山岳信仰研究，韓国地域研究）。
著　書　『出羽三山信仰の圏構造』岩田書院，2003年，『出羽三山信仰の歴史地理学的研究』名著出版，1992年，『神社古図集　続編』〔共著〕臨川書店，1990年，ほか。

【叢書・地球発見13】
韓国・伝統文化のたび

2008年6月10日　初版第1刷発行　（定価はカバーに表示しています）

著　者　岩　鼻　通　明
発行者　中　西　健　夫

発行所　株式会社　ナカニシヤ出版
〒606-8161　京都市左京区一乗寺木ノ本町 15
TEL (075)723-0111
FAX (075)723-0095
http://www.nakanishiya.co.jp/

印刷／製本・太洋社

ISBN978-4-7795-0013-8　C0325

叢書 地球発見

企画委員 千田稔 山野正彦 金田章裕

8 東アジア都城紀行　高橋誠一　二三四頁　一八九〇円

9 子どもたちへの開発教育　——世界のリアルをどう教えるか——　西岡尚也　一六〇頁　一七八五円

10 世界を見せた明治の写真帳　三木理史　一九八頁　一九九五円

11 生きもの秘境のたび　——地球上いたるところにロマンあり——　高橋春成　一六八頁　一八九〇円

12 日本海はどう出来たか　能田　成　二二四頁　一九九五円

13 韓国・伝統文化のたび　岩鼻通明　一六五頁　二一〇〇円

●以下続刊——

各巻　四六判並製・価格は税込みです。